T0222749

Die ärztliche Zweitmeinung

Volker Nürnberg
(Hrsg.)

Die ärztliche Zweitmeinung

Fehler, Vertrauen und Qualität in der Medizin

Herausgeber
Volker Nürnberg
Hochschule für angewandtes Management
Frankfurt, Deutschland

ISBN 978-3-658-11566-1 ISBN 978-3-658-11567-8 (eBook)
DOI 10.1007/978-3-658-11567-8

Die Deutsche Nationalbibliothek verzeichnet diese Publikation in der Deutschen Nationalbibliografie; detaillierte bibliografische Daten sind im Internet über http://dnb.d-nb.de abrufbar.

Springer Gabler

Gedruckt auf säurefreiem und chlorfrei gebleichtem Papier

Springer Gabler ist Teil von Springer Nature
Die eingetragene Gesellschaft ist Springer Fachmedien Wiesbaden GmbH

Vorwort

Das Zitat „Gesundheit ist nicht alles, aber ohne Gesundheit ist alles nichts“ wird Arthur Schopenhauer zugeschrieben. Dieses Buch soll einen kleinen Beitrag dazu leisten, die medizinische Versorgungsqualität in Deutschland weiter zu verbessern. Die Autoren wurden bewusst interdisziplinär aus dem Umfeld von Wissenschaft, Kostenträgern und Leistungserbringern ausgewählt.

Besonderer Dank gilt dem weltweit renommierten Wirbelsäulenchirurgen Prof. Dr. med. Jürgen Harms, der mir mit Rat und Tat bei Seite stand und weitere Forschungsansätze sowie einen Kostenvergleich in der Orthopädie „mit und ohne Zweitmeinung“ initiiert hat. Weiterer Dank gilt meiner Mutter, der Germanistin, die mich sprachlich bei Bedarf unterstützt und meinen beiden Arbeitgebern der Hochschule für angewandtes Management und die Mercer Deutschland GmbH, die mir dieses Buch ermöglichst haben.

Frankfurt
im Frühjahr 2016

Prof. Dr. Volker Nürnberg

Inhaltsverzeichnis

„Vertrauen, aber…" – Die medizinische Dienstleistung, Rollen und Beziehungsmodelle von Patienten und Ärzten und das komplexe Konstrukt Patientenvertrauen

1

Vanessa Julia Haselhoff

Zusammenfassung

Obwohl Ärzte ein sehr hohes Vertrauen in der Bevölkerung genießen, wird es immer mehr gängige Praxis, im Krankheitsfall eine ärztliche Zweitmeinung einzuholen. Warum ist das so? Medizinische Dienstleistungen weisen einige Besonderheiten gegenüber klassischen Dienstleistungen auf, die wiederum die Rolle des Patienten formen. Verschiedene Beziehungsmodelle werden vorgestellt, bevor das Konstrukt Patientenvertrauen näher betrachtet wird.

1.1 Vertrauen in Ärzte – ja oder nein?

Ärzte genießen in Deutschland (und dem Rest der Welt) ein sehr hohes Vertrauen – 88 % der Deutschen vertrauen ihnen (GfK Verein 2014). Trotzdem ist das Einholen einer Zweitmeinung durch Patienten heutzutage gängige Praxis. In einer Studie aus 2014 geben 50 % der Befragten an, schon einmal eine ärztliche Zweitmeinung

V.J. Haselhoff (✉)
Unna, Deutschland
E-Mail: vanessa.haselhoff@fham.de

V. Nürnberg (Hrsg.), *Die ärztliche Zweitmeinung*,
DOI 10.1007/978-3-658-11567-8_1

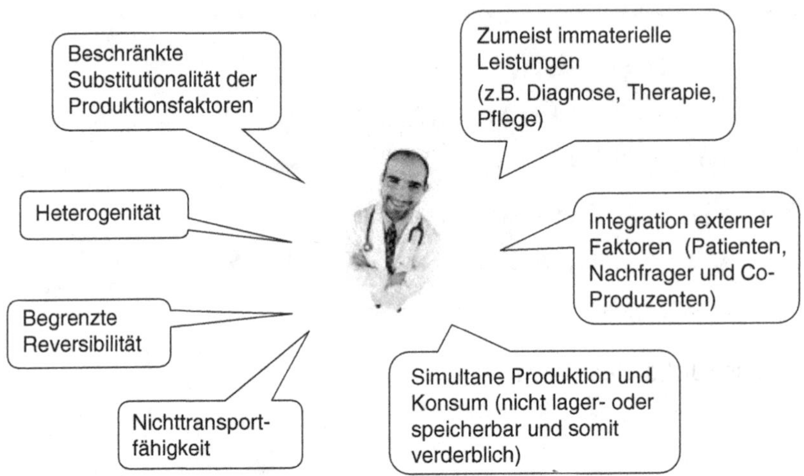

Abb. 1.1 Konstitutive Merkmale von medizinischen Dienstleistungen. (In Anlehnung an Haselhoff 2010, S. 25)

eingeholt zu haben, und über 90 % der Befragten, die dies noch nicht getan haben, würden dies künftig im Krankheitsfall tun oder zumindest in Erwägung ziehen. Besonders bei schweren Erkrankungen, wie Krebs, neurologischen Erkrankungen und Herzleiden ist eine zweite ärztliche Meinung gefragt (Asklepios Kliniken Hamburg und Institut für Management- und Wirtschaftsforschung 2014).

Dieser vermeintliche Widerspruch zwischen Vertrauen einerseits und der Unsicherheit bezüglich der korrekten Diagnose oder Therapie des ersten Arztes andererseits, erscheint rätselhaft. Um zu verstehen, warum Patienten ärztliche Zweitmeinungen einholen, ist es hilfreich, sich das Konstrukt Patientenvertrauen näher anzusehen. Zuvor werden Besonderheiten der medizinischen Dienstleistungen und die Patientenrolle erläutert, sowie verschiedene Beziehungsmodelle zwischen Arzt und Patient analysiert.

1.2 Die besondere medizinische Dienstleistung

Gesundheitsdienstleistungen, wie sie Ärzte in Praxen oder Krankenhäusern anbieten, lassen sich anhand der klassischen konstitutiven Dienstleistungsmerkmale einordnen und charakterisieren (siehe z. B. Lovelock und Wright 1999; Greiling 2005; Bruhn und Georgi 2006; Arnold 2007; Berry und Bendapundi

2007; Meffert und Bruhn 2009). Abb. 1.1 gibt einen Überblick über die wichtigsten Merkmale von medizinischen Dienstleistungen.

Erstens stellen Gesundheitsdienstleistungen in erster Linie **immaterielle Leistungen** dar (z. B. Diagnose, Therapie, Pflege). Eine typische medizinische Dienstleistung kombiniert häufig intangible, also nicht greifbare Dienstleistungen, mit unterstützenden tangiblen Gütern (z. B. eine Operation in einem Operationssaal ausgerüstet mit technischen Gerätschaften).

Ferner erfolgt eine **Integration externer Faktoren** im Produktionsprozess, d. h. Patienten müssen in den Prozess der Dienstleistungserstellung zwingend miteinbezogen werden. Weil Patienten selbst also wichtige integrative Bestandteile der Dienstleistung sind, fungieren sie somit in einer Doppelfunktion als Nachfrager und Co-Produzenten. Medizinische Dienstleistungen sind typischerweise vom Konsumenten nicht zu trennen, da Patienten i. d. R. physisch anwesend sein müssen, um untersucht und behandelt werden zu können. Krankenhausdienstleistungen sind als persönlich-interaktive Dienstleistungen zu bezeichnen, bei denen der Kundenkontakt im Mittelpunkt steht. Zentral ist, dass Patienten als Co-Produzenten das Ergebnis einer Dienstleistung deutlich mitbestimmen, z. B. durch ihre Compliance an der Therapie.

Weil Dienstleistungen simultan für jeden Kunden produziert und konsumiert werden (sogenanntes **Uno-Actu-Prinzip**), sind Gesundheitsdienstleistungen in produktionswirtschaftlicher Hinsicht **nicht lager- oder speicherbar** und somit **nicht konservierbar.** Da die meisten Krankenhausleistungen nur in dem Moment in Anspruch genommen werden können, in dem sie produziert werden, können sie nur sehr eingeschränkt auf Vorrat produziert werden.

Die vorherrschende Immaterialität der Dienstleistungen und die notwendige physische Anwesenheit von Patienten impliziert eine **Nichttransportfähigkeit** für einen Großteil der Gesundheitsdienstleistungen (Greiling 2005)[1].

Im Zusammenhang mit dem Uno-Actu-Prinzip sind medizinische Dienstleistungen nur **begrenzt reversibel** (umkehrbar), da Rückgabe oder Umtausch ausgeschlossen und Nachbesserungen nur teilweise möglich sind (Arnold 2007).

---

[1]Auch im medizinischen Sektor ist mittlerweile mit Hilfe moderner Kommunikations- und Informationstechnologien der Transport von Dienstleistungen realisierbar, wenn z. B. während einer Operation Experten herangezogen werden, die via Satellit mit dem Operationsteam kommunizieren. Zu den transportfähigen medizinischen Dienstleistungen gehören aber auch alle Dienstleistungen, die keine physische Anwesenheit des Patienten bedingen, z. B. Labortests von Körperflüssigkeiten oder -gewebe sowie vorbereitende Leistungen wie z. B. die Erstellung von künstlichen Gelenken.

Medizinische Leistungen sind weiterhin als **heterogen** zu bezeichnen, weil Patienten sich in für die Dienstleistung relevanten Eigenschaften unterscheiden können (z. B. Befindlichkeit, Ängste, Reaktionen des Körpers auf Therapien). Da der „externe Faktor Patient" also recht unterschiedlich gestaltet sein kann, sorgt dies für heterogene Ergebnisse. So kann sogar eine relativ standardisierte Dienstleistung (z. B. Blutabnahme und -test) für verschiedene Patienten sehr unterschiedlich ablaufen und von ihnen auch unterschiedlich wahrgenommen und beurteilt werden.

Ein weiteres für Dienstleistungen typisches Merkmal ist die **beschränkte Substitutionalität** der Produktionsfaktoren: Die Patientenbezogenheit und Arbeitsintensität der Krankenhausdienstleistungen sorgt dafür, dass die menschliche Arbeitskraft nur in geringem Maße durch Maschinen ersetzt werden kann (Greiling 2005).

Neben diesen klassischen Merkmalen stellen Gesundheitsdienstleistungen, wie sie Ärzte in Praxen oder Krankenhäusern anbieten, einen ganz besonderen Typus einer Dienstleistung dar. Sie können als persönliche, hoch individualisierte, interaktionsorientierte, eher zeitraumbezogene und immaterielle Dienste und Leistungen bezeichnet werden. Medizinische Dienstleistungen sind komplexe und divergente, stark einbindende, enge Begegnungen (Hausman 2004) und können auch als pure Dienstleistungen beschrieben werden (Solomon et al. 1985). Ferner sind Krankenhausleistungen als professionelle Dienstleistungen zu bezeichnen (Laing et al. 2004), da sie arbeits- und fähigkeitsintensiv (Berry und Bendapundi 2007) sind. Sie bestehen i. d. R. aus Eins-zu-eins Interaktionen (z. B. zwischen Facharzt und Patient).

Neben den genannten Merkmalen lassen sich – in Abgrenzung zu anderen „konventionellen" Dienstleistungen – weitere deutliche Unterschiede der medizinischen Leistungen herausstellen:

Patienten sind unwissend

Ein Kernmerkmal, was sich bei einigen anderen professionellen Dienstleistungen wiederfindet, ist die extreme Informationsasymmetrie zwischen Dienstleister und Kunde/Patient (Maynard 1991; Goold 2001; Laing et al. 2004). Patienten haben nur unzureichende Kenntnisse über die für sie notwendigen Leistungen und haben einen erheblichen Wissensnachteil, wenn es um Gesundheitsdienstleistungen geht (Berry und Bendapundi 2007, S. 113). Patienten können in den meisten Fällen nicht einschätzen, welche Leistungen sie überhaupt benötigen und müssen den Behandlungsentscheidungen der Ärzte vertrauen. Sie können selbst im Nachhinein nicht beurteilen, ob die Pflege, die sie erhalten haben, tatsächlich notwendig und effektiv war (Straten et al. 2002, S. 228).

Selbst während oder nach Abschluss des Leistungserbringungsprozesses können Patienten grundsätzlich nur sehr begrenzt die Qualität der Behandlung, d. h.

Primärleistungen (das Herbeiführen einer positiven Gesundheitsstatusveränderung) erfassen und beurteilen, da ihnen das medizinische Fachwissen fehlt (Greiling 2005; Leisen und Hyman 2004). Krankenhausleistungen sind daher Vertrauensgüter (Berry und Bendapundi 2007, S. 113; Leisen und Hyman 2004, S. 990). Da die technische Qualität schwierig zu bewerten ist, ziehen Patienten häufig die Zimmerausstattung oder das Verhalten der Mitarbeiter als Indikatoren für Kompetenz heran.

Im Normalfall ist das eigentliche medizinische und pflegerische Leistungsangebot eines Arztes im Detail ohnehin nur unzureichend bekannt (Hermanns und Kunz 2003). Daher können Patienten in der Regel Leistungen auch nur eingeschränkt frei wählen (Hermanns und Hanisch 2003). Das „Dreiecksverhältnis" zwischen Leistungserbringer (Arzt), Leistungsempfänger (Patient) und Leistungszahler (Krankenkasse) sorgt dafür, dass dem Patienten (im Fall der gesetzlichen Krankenversicherung) auch Preise für die Leistungen verborgen bleiben. Medizinische Dienstleistungen gehören also zu den wenigen Dienstleistungen, deren tatsächliche Kosten Kunden i. d. R. nicht kennen (siehe z. B. Berry und Bendapundi 2007). Daneben besitzt auch der Patient Informationsvorteile gegenüber dem Arzt, z. B. bezüglich seines gesundheitsrelevanten Verhaltens (siehe Schneider 2002).

Patienten sind krank

Eine weitere Besonderheit im Rahmen der medizinischen Dienstleistungen ist die Tatsache, dass Patienten krank sind und daher unter Stress stehen (Zaner 1991; Goold 2001; Morgan 2008b). Dies sorgt auch für eine Verstärkung der Machtasymmetrie. Viele Dienstleistungen sind mit Freude und Spaß verbunden, ein Arztbesuch bedeutet für viele das Gegenteil. Die Kombination aus Krankheit, Schmerz, Unsicherheit und Angst sorgt dafür, dass Patienten emotionaler, fordernder, sensibler und abhängiger sind als Konsumenten herkömmlicher Dienstleistungen (Berry und Bendapundi 2007). Diese Mischung an Emotionen beeinflusst das Verhalten und die Entscheidungen der Patienten maßgeblich. Eine mögliche Aufnahmen in ein Krankenhaus verstärkt den Stress, da Krankenhäuser *„beängstigende Orte"* sind (Berry und Bendapundi 2007, S. 114).

Patienten sind unwillig

Im Gegensatz zu vielen anderen Dienstleistungen, die eher „gewollt" sind, ist die Inanspruchnahme von medizinischen Dienstleistungen von Patienten selber in den meisten Fällen kaum gewünscht (Hermanns und Hanisch 2003; Berry und Bendapundi 2007, S. 111). Patienten sehen diese Dienstleistungen eher als lästig und störend an und haben Angst. Diese Einstellung könnte die Wahrnehmung der Servicequalität beeinflussen (Berry und Bendapundi 2007). Ebenso erschwert sie die oftmals geforderte Mitarbeit der Patienten, wenn sie sich sträuben, aktiv an der Therapie mitzuwirken, also *„Co-Producer"* oder *„Partial Employee"* (Mills und Morris 1986) zu sein. Diese Kooperation ist allerdings notwendig, um erfolgreiche gesundheitliche Resultate zu erzielen (Hausman 2004). Gerade auf den Patienten angepasste und stark individualisierte Dienstleistungen werden in großem Maße von der Qualität der Teilnahme und Kooperation beeinflusst (Shaffer und Sherrell 1995; Greiling 2005).

Patienten geben Privatsphäre auf

Medizinische Dienstleistungen stellen einen sehr persönlichen, intimen Austausch dar, sie sind *„die persönlichsten und wichtigsten Dienstleistungen, die Konsumenten kaufen können"* (Berry und Bendapundi 2007, S. 111). Im Gegensatz zu klassischen Dienstleistungen müssen sich Patienten vor Fremden körperlich und psychisch offenbaren und teilweise in großem Maße manipulieren lassen (z. B. im Rahmen einer Operation durch die Narkose und den körperlichen Eingriff).

Patienten tragen Risiko

Bei kaum einer anderen Dienstleistung tragen Patienten ein solch großes Risiko (Berry und Bendapundi 2007). Dies liegt zum einen daran, dass es bei medizinischen Dienstleistungen häufig um die Behandlung und Heilung von Krankheiten geht, die eine gewisse Gefahr für das Leben der Patienten bedeuten können, zum anderen daran, dass der Therapieausgang bei der Behandlung von vielen Erkrankungen oftmals ungewiss ist und nicht immer antizipiert werden kann. Dazu kommt noch die Tatsache, dass medizinische Versorgung relativ unsicher ist (Berry und Bendapundi 2007, S. 116). Generell herrscht in diesem Umfeld ein hohes Risiko, was beispielsweise Infektionen, Medikamentenfehler oder Kommunikationsfehler angeht[2]. Bei keiner anderen Dienstleistung allerdings können Fehler so gravierende Konsequenzen haben.

---

[2]Eine Auswertung von zahlreichen Studien ergab, dass pro Jahr im Krankenhausbereich mit 5–10 % unerwünschter Ereignisse, 2–4 % Schäden, 1 % Behandlungsfehler und 0,1 % Todesfälle, die auf Fehler zurückgehen, zu rechnen ist (Sachverständigenrat zur Begutachtung der Entwicklung im Gesundheitswesen, „Kooperation und Verantwortung", BMG 2007). Im Jahr 2000 hat eine Analyse des Institute of Medicine (Titel des Berichts: „ToErris Human") ergeben, dass es in den USA jährlich zu 44.000 bis 98.000 (Krankenhaus-) Todesfällen komme, die durch Fehler verursacht werden, womit die tödliche Komplikationsrate, bezogen auf die Einwohnerzahl, ähnlich hoch wie in Deutschland liegen dürfte. Die Zahl der „unerwünschten Ereignisse" liege, laut Süddeutscher Zeitung, vermutlich zwischen 5 und 10 % der jährlich 17 Mio. behandelten (Krankenhaus-)Patienten in Deutschland (Operationsfeld Patient, Süddeutsche Zeitung, 4. Juni 2008, S. 2).

Die skizzierten Merkmale der Krankenhausdienstleistungen machen eindrucksvoll deutlich, dass es sich um eine sehr spezielle Form von Dienstleistungen handelt, die nicht mit den meisten üblichen Dienstleistungsangeboten zu vergleichen ist. Diese Tatsache legt bereits nahe, dass auch Vertrauen im Rahmen dieser Dienstleistungserstellung eine besondere Position einnimmt. Medizinische Dienstleistungen gehören zu den *„vertrauensrelevanten Austauschen"*, da sie sich a) durch einen hohen Grad an Leistungsunsicherheit b) bedeutsame Konsequenzen und c) eine große Abhängigkeit des Konsumenten auszeichnen (Singh und Sirdeshmukh 2000, S. 154). Es verwundert somit nicht, dass Patienten bei der Wahl eines medizinischen Dienstleisters großen Wert auf dessen Vertrauenswürdigkeit legen.

1.3 Rollen und Beziehungsmodelle

In jeder Begegnung im Rahmen einer Dienstleistungserstellung, zu dem auch das Zusammentreffen von medizinischem Dienstleister und Patient/Kunde gehört, spielt jeder eine Rolle (Solomon et al. 1985). Unter einer sozialen Rolle versteht man ein *„Bündel von Normen, die sich auf eine bestimmte Position beziehen"* (Siegrist 1995, S. 98) oder *„ein Bündel von sozialen Hinweisen, die das Verhalten eines Individuums in einer bestimmen Situation leiten"* (Solomon et al. 1985, S. 102). Rollenverständnisse prägen Erwartungen von Patienten und Ärzten (Rohde 1974). Diese Rollenerwartungen umfassen Privilegien und Pflichten.

Die Medizinsoziologie beschäftigt sich schon lange mit der Beziehung zwischen Arzt und Patient und deren Rollenverständnissen. Wie schon beschrieben, stellt die Arzt-Patient-Beziehung eine besondere, wenn nicht sogar extreme Form der zwischenmenschlichen Beziehung dar. Sie ist gekennzeichnet durch ein hohes Maß an Intimität und Ausgesetztsein und wird verbunden mit Eingriffen und Veränderungen in die Existenz des Menschen (Kampits 1996; Geisler 2002). Als Hauptcharakteristikum der Beziehung ist die extreme Asymmetrie zwischen Arzt und Patient zu sehen.

Viele Überlegungen bezüglich Rollendefinitionen von Patienten und Ärzten basieren auf Ausführungen von Talcott Parsons (1951), der mit der *„Sick Role"* des Patienten eines der frühesten Modelle des Patientenverhaltens präsentierte.[3] Er wies darauf hin, dass Kranksein aus soziologischer Sicht nicht nur ein Zustand sei, sondern ein „kulturelles Phänomen". In seiner sehr traditionellen Sicht werden Patienten als passiv beschrieben. Mit ihrer Rolle als Kranke sind vier

[3]Parsons untersuchte als einer der ersten Soziologen die Beziehung zwischen Patienten und Ärzten. Sein Interesse wurde geleitet von der Frage, wie die Gesellschaft reibungslos funktioniert und bei Verhaltens-Problemen reagiert.

generelle Erwartungen verbunden, die einerseits bestimmte Privilegien, aber auch Pflichten umfassen (Parsons 1951; siehe z. B. auch Rohde 1974; Siegrist 1995; Morgan 2008a):

1. Kranke Menschen sind von der Erfüllung ihrer normalen sozialen Rollenverpflichtungen befreit. Sie dürfen oder sollten „normale Aktivitäten" und Verantwortlichkeiten aufgeben (z. B. der täglichen Arbeit nachgehen, Mannschaftssport betreiben etc.).
2. Kranke Personen werden i. d. R. für ihren Zustand nicht verantwortlich gemacht. Sie werden wahrgenommen als Pflegebedürftige, die allein durch ihre Entscheidungen und ihren Willen nicht gesund werden können.
3. Kranke Menschen sind verpflichtet, so schnell wie möglich wieder gesund zu werden. Sie sollten die Motivation zeigen, schnell gesund werden zu wollen, da Kranksein ein unerwünschter Zustand ist.
4. Kranke Personen sind verpflichtet, professionelle medizinische Hilfe zu suchen und mit Ärzten zu kooperieren. Dies beweist den Willen, alles zur Wiederherstellung der Gesundheit zu unternehmen.

Parsons sieht die Krankenrolle als temporär an, die von der Gesellschaft konstruiert wurde mit dem Ziel, Kranke schnellstmöglich wieder in einen gesunden Zustand zu versetzen und sie als voll funktionierende Mitglieder der Gesellschaft wiederherzustellen. Sie ist auch als universelle Rolle zu sehen, die allen erkrankten Menschen zusteht und unabhängig ist von Alter, Geschlecht, ethnischer Zugehörigkeit, Beruf oder Status (Morgan 2008a). Der Arzt schafft die Krankenrolle, indem er bestimmt, wer krank ist und wer nicht und somit als „Gatekeeper" fungiert (Freidson 1988).

Das bekannteste Modell der Arzt-Patient-Beziehung in der Medizinsoziologie ist das **paternalistische Modell,** welches der traditionellen Sichtweise Mitte des 20. Jahrhunderts entspricht (auch „parental", „priestly" oder „parsonian model" genannt). Paternalismus ist charakterisiert durch ein väterlich-bestimmendes Verhalten des Arztes gegenüber dem Patienten (lat. pater = Vater), der sich passiv verhält (gemäß Parson's klassischer „Sick-Role"-Rollenkonzeptualisierung). Hier wird dem Arzt die dominante Rolle in der Beziehung zugeordnet, der Patient übt wenig Kontrolle aus (Emanuel und Emanuel 1992; Charles et al. 1999; Morgan 2008a). Die Rolle des Patienten beschränkt sich darauf, dem Arzt die notwendigen Informationen über Symptome etc. zu geben, damit der Arzt diagnostizieren und die aus seiner Sicht geeigneten therapeutischen Maßnahmen ableiten kann (Klemperer 2006). Der Patient wird dabei lediglich selektiv informiert, d. h. Informationen, die Patienten verunsichern könnten, werden vom Arzt nicht an ihn weitergegeben. Über die Behandlung des Patienten entscheidet somit allein der Arzt aus einer dem Patienten übergeordneten Position heraus („Father-Knows-Best"-Autorität). Die Zustimmung des Patienten ist dabei Formsache, er ist nur sehr eingeschränkt beteiligt.

Das paternalistische Modell liegt dem arztzentrierten Beratungsstil zugrunde, den Byrne und Long (1976) in Videoaufzeichnungen von Konsultationen erkannten. Er zeichnet sich dadurch aus, dass Ärzte sich auf die physischen Aspekte einer Erkrankung fokussieren und besondere Interviewmethoden (z. B. mehrheitlich geschlossene Fragen, die den Patienten wenig Raum lassen, ihre eigenen Ideen und Sorgen auszudrücken) einsetzen, um die für die Diagnose notwendigen Informationen zu erhalten. Die Behebung struktureller und funktioneller Veränderungen des Organismus wird fokussiert und prägt somit die Kommunikation zwischen Arzt und Patient ganz erheblich. Emotionale und kognitive Bedürfnisse des Patienten sowie patientenrelevante Behandlungsziele werden dabei häufig unzureichend berücksichtigt (Klemperer und Rosenwirth 2005).

Gerade in Notfallsituationen, wenn schnell gehandelt werden muss und der Patient oftmals zu einer Beratung nicht imstande ist, erscheint ein Vorgehen nach diesem Modell sinnvoll (Szasz und Hollender 1956; Shaffer und Sherrell 1995). Als Schwachpunkt dieses Modells wird bemängelt, dass dem Patienten keinerlei Selbstbestimmung gewährt wird. Von Gegnern wird auch die Annahme des Modells kritisch beurteilt, dass auf Arzt- und Patientenseite geteilte objektive Kriterien existieren, die die „beste" Entscheidung (z. B. im Sinne einer Therapie) für den Patienten bestimmen können.

„Durch die steigende Konsumentenbildung, sinkende soziale Barrieren zwischen Professionellen und ihre Klienten und den Einfluss von Medien auf Konsumenten sowie den Veränderungen von öffentlichen Grundsätzen bezüglich der Konsumenterechte" (Laing et al. 2004, S. 189) wirkt das Modell heute nicht mehr zeitgemäß, auch weil es die Patientenautonomie nicht ausreichend respektiert. Die „Informationsflut und Aufklärungsbestrebungen der Massenmedien" (Siegrist 1978, S. 78) sowie die Stärkung der Bürgerrechte als eine Metatendenz in der gesellschaftlichen Entwicklung hat sich auf die Erwartungen der Patienten und Bürger an die Ärzte ausgewirkt (Klemperer 2006). Die Patientenrolle verändert sich vom traditionell passiven Leistungsempfänger zum aktiven Mitgestalter. MacStravic (2000) spricht von einer „Consumer Revolution". Mittlerweile ist der „aktivierte" Patient eine weitere Rollenbeschreibung, die sich in der Literatur findet.

Aktivierte Patienten weisen die Passivität des Rollenverhaltens von Kranken zurück, übernehmen Verantwortung für ihre Pflege und akzeptieren die unangefochtene Autorität der Ärzte nicht mehr bedingungslos (Shaffer und Sherrell 1995;

Pescosolido et al. 2001). Patienten handeln selbstbewusster, selbstverantwortlicher, emanzipierter, mündiger und informierter (Berkowitz und Flexner 1981; Boscarino und Steiber 1982; Rosenstein 1986; Lane und Lindquist 1988; Mechanic 1996; Mechanic 1998; Riegl 2000; Verma und Sopti 2002; Coulter und Magee 2003; Laing et al. 2004) und wollen mitreden, wenn es um ihre Gesundheit geht. Ihre neuen Verantwortlichkeiten beinhalten Verhaltensweisen wie die klare und ehrliche Definition des Problems, das Fragenstellen, die Nennung von Präferenzen, das Anbieten von Meinungen, der Vorschlag von Alternativen, die Erwartung erhört zu werden und das Einholen einer zweiten Meinung (Steele et al. 1987).

Neuere Konzeptualisierungen der Patientenrolle propagieren ein aktives und teilnehmendes Verhalten der Patienten, die Experten ihrer eigenen Gefühle und ihres Körpers sind (z. B. Byrne und Long 1976). Das **informative Modell** wird auch als Konsumenten-Modell **(„Consumerism")** bezeichnet (Emanuel und Emanuel 1992; Charles et al. 1999). Im Kontrast zum Paternalismus wird hier die Eigenständigkeit des Patienten in den Fokus gerückt, er übernimmt die aktive Rolle, der Arzt die eher passive (Morgan 2008a). Der Arzt hat die Aufgabe, dem Patienten sämtliche medizinischen Informationen zur Verfügung zu stellen, damit dieser eine informierte Entscheidung treffen kann. Dem Arzt wird in diesem Modell eher die Rolle eines Informanten zugeteilt, der für umfangreiche und angemessene Informationen zu sorgen hat. Zu den Informationen gehören Kenntnisse über die Erkrankung und Therapiemöglichkeiten. Der Patient allein entscheidet, indem er technisches Wissen und Selbstwissen zusammenführt. Der Arzt setzt die Entscheidung lediglich um.

Das informative Modell hat zur Prämisse, dass Werte des Patienten in die Abwägung und Entscheidung einfließen. Die Integration und Verarbeitung der Informationen sind auf die spezifischen Lebensumstände und Werte des Patienten abgestimmt. Die letztendliche Entscheidung vollzieht dieser allein. Das Modell basiert auf der Annahme, dass nur der Patient die beste Entscheidung treffen kann, vorausgesetzt, er verfügt über die aktuellen wissenschaftlichen Informationen bezüglich seiner Krankheit und deren Behandlungsmöglichkeiten. Der Arzt hat sich aus der Entscheidung herauszuhalten, seine Interessen könnten von denen des Patienten differieren oder sogar gegenläufig sein.

Kritiker dieses Ansatzes bemängeln, dass dieses Modell allerdings nur unter der Annahme funktioniere, dass Patienten ihre Ziele gut kennen und lediglich Informationen benötigen. Dies sei häufig nicht der Fall. Befürworter legitimieren das Modell dadurch, dass das Informationsbedürfnis der Patienten sehr groß sei und oftmals mehrere Therapieoptionen zur Verfügung stünden, sodass Therapieentscheidungen durch Patienten gerechtfertigt werden können.

Einen Mittelweg zwischen paternalistisch bestimmten Beziehungsstrukturen und dem informativen Modell stellen die partnerschaftlichen und „kundenorientierten"

Modelle, die im aktuellen Diskurs unter „Shared Decision Making“ diskutiert werden, dar (Charles et al. 1997, 1999). **Shared Decision Making (SDM) (gemeinsame Entscheidungsfindung),** auch „Patientenzentrierung“, „Patient-centred Approach“ oder „Relationship of Mutuality“ genannt, bezeichnet eine neuere Form der Arzt-Patient-Beziehung, die den Patienten stärker in den Entscheidungsprozess über sein Gesundheitsproblem einbindet. Sie wird auch als „dialogisches Prinzip“ bezeichnet. Arzt und Patient kommunizieren hier auf einer partnerschaftlichen Ebene über objektive und subjektive Aspekte. Der Patient informiert dabei den Arzt auch über seine subjektiven behandlungsrelevanten Bedürfnisse und Präferenzen und berichtet von Erfahrungen und möglichen Erklärungen. Der Arzt bringt seine klinischen Fähigkeiten und sein Wissen mit in die Beziehung ein. Das Modell ist also gekennzeichnet durch intensive Interaktion zwischen Arzt und Patient, gegenseitige Information, gemeinsames Abwägen und gemeinsames Entscheiden (Scheibler und Pfaff 2003; Scheibler 2004; Klemperer und Rosenwirth 2006; Morgan 2008a).

Die Stellung des Patienten ist aktiv gestärkt, er ist kein hilfloses Objekt, sondern zur Mitarbeit, zur Mitteilung seines Laienwissens, seiner Beobachtungen und Vermutungen sowie Kritik aufgerufen (Siegrist 1978). In dieser Beziehung, die auf der beidseitigen Teilnahme basiert, wird der Patient als gleichberechtigter Partner gesehen. Szasz und Hollender (1956) bezeichnen es daher als „Model of Mutual Participation“. In diesem Modell ist die Wechselseitigkeit des Einflusses und des Austausches entscheidend: Information werden nicht nur vom Experten an den Patienten weitergegeben, sondern der Patient bringt ebenso Informationen ein, indem er Wertvorstellungen, Ziele, Erwartungen und Befürchtungen äußert. Eine partnerschaftliche Beziehung ist daher von großer Bedeutung (Klemperer und Rosenwirth 2006).

In der Praxis zeichnet sich der patientenzentrierte Beratungsstil (Byrne und Long 1976) dadurch aus, dass Ärzte weniger kontrollierend vorgehen und Patienten ermutigen und es ihnen vereinfachen, an der Beratung teilzunehmen, um Gegenseitigkeit zu fördern. Sie stellen häufiger offene Fragen (z. B. nach der Wahrnehmung des Schmerzes, nach Gefühlen und eigenen Ideen zu möglichen Ursachen). Das bedeutet auch, dass Ärzte mehr Zeit aufbringen müssen, den Ausführungen der Patienten aktiv zuzuhören.

Notwendige Voraussetzung für ein funktionierendes gemeinsames Entscheiden ist u. A. das Interesse sowohl des Patienten als auch die Bereitschaft des Arztes zu dieser Beziehungsform. Damit einhergehend sind es vor allem ausreichende Informations- und Interaktionskompetenzen auf beiden Seiten, ohne die das Modell nicht realisierbar ist. Klemperer (2006) merkt hierzu an, dass Ärzte sich vielfach darin überfordert fühlen, da sie über unzureichende Interaktions- und Kommunikationskompetenz verfügen. Da die gemeinsame Entscheidungsfindung deutlich langwieriger ausfallen kann, ist auch ein ausreichendes Zeitbudget vonnöten.

Kritiker bemängeln, dass entgegen der Annahmen und des Modells in der Realität nur wenige Patienten sich an Entscheidungen beteiligen möchten, *„patients want information, but [that] in many cases they do not wish to use this information for decision-making purposes"* (Shackley und Ryan 1994, S. 537; siehe auch Steele et al. 1987). Immer wieder wird berichtet, dass die Mehrheit vieler Patienten sich lieber paternalistische Strukturen wünscht und diese auch für eine so ungleiche Beziehung wie der zwischen Arzt und Patient zweckmäßig seien (siehe z. B. Sherlock 1986; Vick und Scott 1998). Auch Ärzte haben Probleme mit dem Shared Decision Making und wenden es daher nur begrenzt an (Stevenson 2003). Andere Studien berichten, dass jüngere Patienten eher eine Beziehung zum Arzt erwarten, die auf Gegenseitigkeit basiert und eher die Kontrolle übernehmen möchten (Coulter 1997). Dies ist auch bei Patienten mit einem höheren Bildungsniveau zu beobachten, was sich auf den *„smaller status gap between doctor and patient"* zurückführen lassen könnte (Morgan 2008a, S. 56). Weiterhin ist der Wunsch abhängig vom Gesundheitszustand: *„patients in crisis situations or who feel weak or distressed might prefer to have decisions made for them rather than being more actively involved"* (Morgan 2008a, S. 60). Generell lässt sich auch beobachten, dass Patienten mit dem zeitlichen Verlauf einer Krankheit auch zunehmend an Therapieentscheidungen teilnehmen möchten, da Patienten ihre Krankheit verstehen lernen und sich Wissen aneignen. Daher wird es auch für chronisch Kranke (z. B. Diabetiker) als sinnvoll eingeschätzt, da diese häufig ihre Therapie selbst in die Hand nehmen müssen. *„Essentially, the physician helps the patient to help himself"* (Szasz und Hollender 1956, S. 587).

1.4 Vertrauen in Ärzte

Die Tatsache, dass medizinische Leistungen eine ganz besondere Form von Vertrauensgütern darstellen und dass die Beziehung zwischen Anbietern und Kunden in diesem Kontext sehr spezielle Charakteristika aufweist, deutet darauf hin, dass Vertrauen im medizinischen Kontext eine wichtige Rolle spielt (Gray 1997; Kao et al. 1998). Interpersonelles Vertrauen in den Arzt kann dabei als *„Grundvoraussetzung für viele Aspekte effektiver Pflege"* gesehen werden (Mechanic und Schlesinger 1996, S. 1694). Die Beziehungsqualität und somit das Vertrauen innerhalb der Arzt-Patient-Beziehung ist z. B. zentral für die Implementierung von Behandlungsmethoden und die Akzeptanz und Annahme von Therapien seitens der Patienten (Bochmann und Petermann 1989; Johns 1995; Mechanic 1996; Mechanic und Schlesinger 1996; Gray 1997; Thom und Campbell 1997; Rhodes und Strain 2000, S. 205 f.; Goold 2001; Leisen und Hyman 2004). Dass dies ein nicht zu unterschätzendes Problem in der Gesundheitsbranche ist, zeigt die Tatsache, dass lediglich 50 % aller chronisch Kranken den Anordnungen der Ärzte Folge leisten und die verschriebene Medikation wie empfohlen einnehmen. Gerade vom Arzt vorgeschriebene Verhaltensänderungen (z. B. bei gesundheitsschädlichem Verhalten wie Rauchen) werden oft nur akzeptiert und befolgt, wenn Patienten dem Arzt vertrauen (Mechanic und Schlesinger 1996; Leisen und Hyman 2004).

Zusätzlich hat Vertrauen viele bedeutsame positive Auswirkungen auf das Verhältnis zwischen Patient und Arzt (Mechanic und Schlesinger 1996; Thom und Campbell 1997; Thom et al. 1999; Hall et al. 2001; Straten et al. 2002). Vertrauen reduziert die Angst der Patienten (Buchanan 2000) und verstärkt ihr Gefühl, dass sich um sie gekümmert wird, was Patientenwohlsein und Heilung begünstigen kann (Thom und Campbell 1997). Dem Vorhandensein von Vertrauen wird also ein therapeutischer Effekt zugeschrieben (Buchanan 2000), eine gute Beziehung zwischen Arzt und Patient fördert einen „Placebo"-Effekt, d. h. es entstehen therapeutische Wirkungen allein durch den Glauben, es würde geholfen (Morgan 2008a). Ferner fördert Vertrauen eine offene Kommunikation, die den bedeutsamen Austausch von Informationen und Gefühlen ermöglicht (Anderson und Dedrick 1990). Vertrauen ist notwendig, damit Patienten stigmatisierende Informationen über ihr gesundheitsbezogenes Verhalten preisgeben (Mechanic und Schlesinger 1996; Goold 2001; Leisen und Hyman 2004) und Gedanken und Gefühle mitteilen, die die Diagnose von (z. B. psychischen) Erkrankungen zulassen (Mechanic und Schlesinger 1996; Leisen und Hyman 2004).

Wenn Patienten Vertrauen in ihre Ärzte haben, verringern sich ihre Entscheidungskosten, weil vertrauende Patienten sich weniger verpflichtet fühlen, alternative Pflegeeinrichtungen zu erwägen oder Informationen zu sammeln, um medizinische Leistungen zu bewerten (Buchanan 2000). Misstrauen hingegen erhöht die Transaktionskosten der Patienten (z. B. durch mehrmalige Durchführung diagnostischer Tests) oder die Recherche nach zusätzlichen Informationen (Thom und Campbell 1997; Thom et al. 2002). Das Phänomen „eine zweite Meinung einzuholen", um Standpunkte, Diagnosen und Therapieempfehlungen von Ärzten zu verifizieren und die „besten Ärzte" und „besten Krankenhäuser" zu identifizieren, wird durch generelles Misstrauen gefördert (Mechanic und Schlesinger 1996; Gray 1997).

Vertrauen korreliert mit Zufriedenheit (Thom et al. 1999; Leisen und Hyman 2004) und trägt dazu bei, dass der Patient substanziell zufriedener mit dem Arzt ist (Thom und Campbell 1997). Vertrauen wird ebenso mit Loyalität assoziiert (Mechanic und Schlesinger 1996). Misstrauen hingegen verursacht geringere Patientenzufriedenheit und geringere Anbieterzufriedenheit (Thom und Campbell

1997). Es kann zu geringerer Patientenakzeptanz und Non-Compliance an Therapieempfehlungen führen, somit auch das Ausscheiden aus einer Therapie begünstigen (Gray 1997; Thom und Campbell 1997). Möglicherweise resultiert daraus ein schlechterer Gesundheitsstatus der Patienten (Thom und Campbell 1997). Als weitere Konsequenzen von (generellem) Misstrauen kann das Aufsuchen von „alternativen Heilern" (z. B. Heilpraktikern) durch Patienten gesehen werden (Gray 1997) und die Gefahr von Rechtstreitigkeiten (Thom und Campbell 1997).

Das Vertrauen in Ärzte wurde in den letzten Jahren bereits häufig zum Gegenstand der Forschung. Hierfür wurden verschiedene Dimensionen identifiziert (Thom und Campbell 1997) und Skalen entwickelt (Anderson und Dedrick 1990; Kao et al. 1998; Safran et al. 1998; Hall et al. 2002; Thom et al. 2002; Leisen und Hyman 2004).

In einer umfassenden qualitativen Studie in Deutschland klärt Haselhoff (2010), was Vertrauen in Krankenhäuser und Ärzte ausmacht. Eine Erkenntnis daraus ist, dass sich Patientenvertrauen in Krankenhäuser differenziert und komplex darstellt. Es gibt kaum „das Vertrauen" ins Krankenhaus. Patienten unterscheiden klar zwischen unterschiedlichen Krankenhaus-Stationen, Bereichen, Ärzten oder Pflegern. Es wird aber nicht nur zwischen Vertrauensobjekten und -personen differenziert, sondern auch zwischen verschiedenen Tätigkeiten (z. B. Operation, Pflege). Es kann z. B. durchaus sein, dass das Krankenhaus in einem Bereich sehr gut, in einem anderen aber wiederum weniger gut ist. So haben Patienten auch Vertrauen in einen Bereich, aber nicht zwangsweise in einen anderen. Komplex ist Vertrauen, weil Patienten zwischen Vertrauen und Misstrauen differenzieren. Beides kann durchaus parallel existieren. In der Vertrauensliteraturhatten dies bereits Lewicki et al. (1998) vorgeschlagen, die als erste Vertrauen und Misstrauen als separate und voneinander unabhängige Konstrukte konzeptualisieren. Vertrauen und Misstrauen seien keine *„gegensätzliche Enden auf einem einzigen Kontinuum"*, sondern separate Konstrukte (Lewicki et al. 1998, S. 440; siehe auch Lewicki et al. 2006). Sie begründen ihre These mit der multiplexen Natur von Beziehungen, da verschiedene Erfahrungen innerhalb einer Beziehung dazu führen können, dass man dem anderen in manchen Bereichen vertraut und in anderen weniger oder gar nicht. Die Mediziner unter den Vertrauensforschern unterscheiden grundsätzlich drei Perspektiven zu Misstrauen: 1) Misstrauen als geringes oder nicht vorhandenes Vertrauen, 2) als Gegenteil von Vertrauen und 3) als Substitut oder Komplement für Vertrauen. Constantinople (1969) und Robinson et al. (1991) bestätigen die Zweiteilung, indem sie zeigen, dass beide Konstrukte verschiedene Muster aufweisen und Inhalte haben. In empirischen Studien von McAllister et al. (2000) und Gillespie (2003) gelingt es, unterschiedliche Messinstrumente für beide Konstrukte zu entwickeln und zu validieren.

Fazit

Die vorangegangene dezidierte Analyse des Arzt-Patient-Kontextes zeigt, dass einerseits generell ein großes Vertrauen in Ärzte existiert, andererseits Patienten aber zunehmend ärztliche Zweitmeinungen einholen. Die Besonderheiten der medizinischen Dienstleistungen zeigen auf, warum dies durchaus verständlich ist. Die schwierigen Begleitumstände und die spezielle Rolle des Patienten legen ihm nahe, sich im Therapieprozess weiter abzusichern, um Risiken zu minimieren. Es existieren verschiedene Patienten-Arzt-Modelle und damit einhergehende Rollenverständnisse des Patienten und des Arztes. Die Entwicklung geht heute vom klassischen paternalistischen Modell und allwissenden Arzt hin zum Shared Decision Making oder sogar informativen Modell, bei dem dem Patienten eine immer größere Eigenverantwortung gewährt und zugeschrieben wird. Nicht verwunderlich und sehr gut nachvollziehbar ist es da, dass Patienten sich zunehmend besser bzgl. ihrer Erkrankung und Therapiemöglichkeiten informieren. Das Einholen von Zweitmeinungen ist dabei ein naheliegender Weg. Dieser Trend wird sich auch weiter verstärken. Aus Sicht der Patienten erscheint dies auch durchaus sinnvoll, auch wenn es aus ökonomischer Perspektive nicht unbedingt wünschenswert wäre.

Literatur

Anderson, L. A., & Dedrick, R. F. (1990). Development of the trust in physician scale: A measure to assess interpersonal trust in patient-physician relationships. *Psychological Reports, 67,* 1091–1100.

Arnold, A. (2007). Marketing. In S.-B. Rettig & S. Eichhorn (Hrsg.), *Krankenhaus-Managementlehre: Theorie und Praxis eines integrierten Konzepts.* Stuttgart: Kohlhammer.

Asklepios Kliniken Hamburg und des IMWF Institut für Management- und Wirtschaftsforschung. (2014). Studie „Zweitmeinungsverfahren aus Patientensicht".

Berkowitz, E. N., & Flexner, W. (1981). The market for health services: Is there a non-traditional consumer? *Journal of Health Care Marketing, 1*(1), 25–34.

Berry, L. L., & Bendapundi, N. (2007). Health care: A fertile field for service research. *Journal of Service Research, 10*(2), 111–122.

Bochmann, F., & Petermann, F. (1989). Compliance bei medikamentösen Therapieformen unter besonderer Berücksichtigung von Vertrauensaspekten. *Zeitschrift für Klinische Psychologie, Psychopathologie und Psychotherapie, 37,* 162–175.

Boscarino, J., & Steiber, S. R. (1982). Hospital shopping and consumer choice. *Journal of Health Care Marketing, 2*(2), 15–23.

Bruhn, M., & Georgi, D. (2006). *Services marketing: Managing the service value chain.* Harlow: Prentice Hall.

Buchanan, A. (2000). Trust in managed care organizations. *Kennedy Institute of Ethics Journal, 10*(3), 189–212.
Byrne, P. S., & Long, B. L. (1976). *Doctors talking to patients*. London: HMSO.
Charles, C., Gafni, A., & Whelan, T. (1997). Shared decision-making in the medical encounter: What does it mean? *Social Science & Medicine, 44,* 681–692.
Charles, C., Gafni, A., & Whelan, T. (1999). Decision making in the physician-patient encounter: Revisiting the shared treatment decision-making model. *Social Science & Medicine, 49,* 651–661.
Constantinople, A. (1969). An eriksonian measure of personality development in college students. *Developmental Psychology, 1,* 357–372.
Coulter, A. (1997). Partnerships with patients: The pros and cons of shared clinical decision-making. *Journal of Health Service Research Policy, 2,* 112–121.
Coulter, A., & Magee, H. (2003). *The European patient of the future*. Maidenhead: Open University Press.
Emanuel, E. J., & Emanuel, L. L. (1992). Four models of the physician-patient relationship. *The Journal of the American Medical Association, 267*(16), 2221–2226.
Freidson, E. (1988). *Profession of medicine: A study of the sociology of applied knowledge*. Chicago: The University of Chicago Press.
Geisler, L. (2002). Arzt-Patient-Beziehung im Wandel – Stärkung des dialogischen Prinzips. In *Abschlussbericht der Enquête-Kommission „Recht und Ethik der modernen Medizin"*, o. V.
GfK Verein. (2014). GfK Trust in Professions 2014. http://www.gfk.com/Documents/Press-Releases/2014/GfK_Trust%20in%20Professions_e.pdf.
Gillespie, N. (2003). *Measuring trust in work relationships: The behavioural trust inventory*. Seattle: Annual Meeting of the Academy of Management.
Goold, S. D. (2001). Trust and the ethics of health care institutions. *Hastings Center Report, 31*(6), 26–33.
Gray, B. H. (1997). Trust and trustworthy care in the managed care era. *Health Affairs, 16*(1), 34–54.
Greiling, D. (2005). Krankenhäuser als Dienstleistungsunternehmen. In J. Hentze, B. Huch, & E. Kehres (Hrsg.), *Krankenhaus-Controlling: Konzepte, Methoden und Erfahrungen aus der Krankenhauspraxis*. Stuttgart: Kohlhammer.
Hall, M. A., Camacho, F., Dugan, E., & Balkrishnan, R. (2002). Trust in the medical profession: conceptual and measurement issues. *HSR: Health Service Research, 37,* 1419–1439.
Hall, M. A., Dugan, E., Zheng, B., & Mishra, A. K. (2001). Trust in physicians and medical institutions: What is it, can it be measured, and does it matter? *The Milbank Quarterly, 79*(4), 613–639.
Haselhoff, V. (2010). *Patientenvertrauen in Krankenhäuser*. Wiesbaden: Gabler.
Hausman, A. (2004). Modeling the patient-physician service encounter: Improving patient outcomes. *Journal of the Academy of Marketing Science, 32*(4), 403–417.
Hermanns, P. M., & Hanisch, L. (2003). *Krankenhaus-Marketing im stationären und ambulanten Bereich: Das Krankenhaus als Dienstleistungsunternehmen*. Köln: Deutscher Ärzte-Verlag.
Hermanns, P. M., & Kunz, A. R. (2003). Marketing im Krankenhaus. In M. P. Hermanns & L. Hanisch (Hrsg.), *Krankenhaus-Marketing im stationären und ambulanten Bereich: Das Krankenhaus als Dienstleistungsunternehmen*. Köln: Deutscher Ärzte-Verlag.

Johns, J. L. (1995). A concept analysis of trust. *Journal of Advanced Nursing, 24,* 76–83.

Kampits, P. (1996). *Das dialogische Prinzip in der Arzt-Patienten-Beziehung*. Passau: Wissenschaftsverlag.

Kao, A. C., Green, D. C., Zaslavsky, A. M., Koplan, J. P., & Clearly, P. D. (1998). The relationship between method of physician payment and patient trust. *The Journal of the American Medical Association, 18*(19), 1708–1714.

Klemperer, D. (2006). Vom Paternalismus zur Partnerschaft: Der Arztberuf im Wandel. In J. Pundt (Hrsg.), *Professionalisierung im Gesundheitswesen*. Bern: Huber.

Klemperer, D., & Rosenwirth, (2005). *Shared Decision Making: Konzept, Voraussetzungen und politische Implikationen*. Gütersloh: Bertelsmann Stiftung.

Laing, A., Hogg, G., & Winkelman, D. (2004). Healthcare and the information revolution: Re-configuring the healthcare service encounter. *Health Services Management Research, 17,* 188–199.

Lane, P. M., & Lindquist, J. D. (1988). Hospital choice, a summary of the key empirical and hypothetical findings of the 1980s. *Journal of Health Care Marketing, 8*(4), 5–20.

Leisen, B., & Hyman, M. R. (2004). Antecedents and consequences of trust in a service provider – The case of primary care physicians. *Journal of Business Research, 57*(9), 990–999.

Lewicki, R., McAllister, D., & Bies, R. (1998). Trust and distrust: New relationships and realities. *Academy of Management Review, 23*(3), 439–458.

Lewicki, R. J., Tomlinson, E. C., & Gillespie, N. (2006). Models of interpersonal trust development: Theoretical approaches, empirical evidence, and future directions. *Journal of Management, 32*(6), 991–1022.

Lovelock, C., & Wright, L. (1999). *Principles of service marketing and management*. Upper Saddle River: Prentice-Hall.

MacStravic, S. (2000). The downside of patient empowerment. *Health Forum Journal*. January/February, 29–31.

Maynard, D. W. (1991). Interaction and asymmetry in clinical discourse. *American Journal of Sociology, 97*(2), 448–495.

McAllister, D. J., Lewicki, R. J., & Bies, R. (2000). *Hardball: How trust and distrust interact to predict hard influence tactic use*. Toronto: Kanada.

Mechanic, D. (1996). Changing medical organization and the erosion of trust. *The Milbank Quarterly, 74*(2), 171–189.

Mechanic, D. (1998). The functions and limitations of trust in the provision of medical care. *Journal of Health Politics, Policy and Law, 23*(4), 661–686.

Mechanic, D., & Schlesinger, M. (1996). The impact of managed care on patients' trust in medical care and their physicians. *The Journal of the American Medical Association, 275*(21), 1693–1697.

Meffert, H., & Bruhn, M. (2009). *Dienstleistungsmarketing: Grundlagen – Konzepte – Methoden*. Wiesbaden: Gabler.

Mills, P. K., & Morris, J. H. (1986). Clients as „Partial" employees of service organizations: Role development in client participation. *Academy of Management Review, 11*(4), 726–735.

Morgan, M. (2008a). *Hospitals and patient care*. London: Saunders.

Morgan, M. (2008b). The doctor-patient relationship. In G. Scambler (Hrsg.), *Sociology as applied to medicine*. London: Saunders.

Parsons, T. (1951). Illness and the role of the physician: A sociological perspective. *American Journal of Orthopsychiatry, 21,* 452–460.

Pescosolido, B. A., Tuch, S. A., & Martin, Jack K. (2001). The profession of medicine and the public: Examining Americans' changing confidence in physician authority from the beginning of the ‚health care crisis' to the era of health care reform. *Journal of Health and Social Behavior, 42*(1), 1–16.

Rhodes, R., & Strain, J. J. (2000). Trust and transforming medical institutions. *Cambridge Quarterly of Healthcare Ethics, 9,* 205–217.

Riegl, G. F. (2000). *Krankenhaus-Marketing & Qualitäts-Management: Großes Handbuch für das Erfolgs-Management in Hospitälern.* Augsburg: Prof. Riegl & Partner GmbH.

Robinson, J. P., Shaver, P. R., & Wrightsman, L. S. (1991). *Measures of personality and social psychology attitudes.* San Diego: Academic Press.

Rohde, J. J. (1974). *Soziologie des Krankenhauses: Zur Einführung in die Soziologie der Medizin.* Stuttgart: Ferdinand Enke.

Rosenstein, A. H. (1986). Consumerism and health care: Will the traditional patient-physician relationship survive? *Postgraduate Medicine, 79,* 13–18.

Safran, D. G., Taira, D. A., Rogers, W. H., Kosinski, M., Ware, J. E., & Tarlov, A. R. (1998). Linking primary care performance to outcomes of care. *The Journal of Family Practice, 47*(3), 213–220.

Scheibler, F. (2004). *Shared Decision-Making: Von der Compliance zur partnerschaftlichen Entscheidungsfindung.* Bern.

Scheibler, F., & Pfaff, H. (2003). *Shared Decison-Making. Der Patient als Partner im medizinischen Entscheidungsprozess.* Weinheim.

Schneider, U. (2002). Beidseitige Informationsasymmetrien in der Arzt-Patient-Beziehung: Implikationen für die GKV. *Vierteljahreshefte zur Wirtschaftsforschung, 71*(4), 447–458.

Shackley, P., & Ryan, M. (1994). What is the role of the consumer in health care? *Journal of Social Policy, 23*(4), 517–541.

Shaffer, T. R., & Sherrell, D. L. (1995). Exploring patient role behaviors for health care services: The assertive, activated and passive patient. *Health Marketing Quarterly, 13*(1), 19–35.

Sherlock, R. (1986). Reasonable men and sick human beings. *The American Journal of Medicine, 80,* 2–4.

Siegrist, J. (1978). Verändertes Helfen? Medizinsoziologische Überlegungen zur Arzt-Patient-Beziehung. *Frankfurter Hefte – Zeitschrift für Kultur und Politik, Sonderheft: Zukunft konkret,* 77–81.

Siegrist, J. (1995). *Medizinische Soziologie.* München: Urban & Schwarzenberg.

Singh, J., & Sirdeshmukh, D. (2000). Agency and trust mechanisms in relational exchanges. *Journal of the Academy of Marketing Science, 28*(1), 150–167.

Solomon, M. R., Surprenant, C., Czepiel, J. A., & Gutman, E. G. (1985). A role theory perspective on dyadic interactions: The service encounter. *Journal of Marketing, 49,* 99–111.

Steele, D. J., Blackwell, B., Gutmann, M. C., & Jackson, T. C. (1987). The activated patient: dogma, dream, oder desideratum? beyond advocacy: A review of the active patient concept. *Patient Education and Counseling, 10*(1), 3–23.

Stevenson, F. A. (2003). General practitioners' views on shared decision making: A qualitative analysis. *Patient Education and Counseling, 50*(3), 291–293.

Straten, G. F. M., Friele, R. D., & Groenewegen, P. P. (2002). Public trust in dutch health care. *Social Science & Medicine, 55*(2), 227–234.

Szasz, T. S., & Hollender, M. H. (1956). A contribution to the philosophy of medicine – the basic models of the doctor-patient relationship. *AMA Archives of Internal Medicine, 97*(5), 585–592.

Thom, D. H., & Campbell, B. (1997). Patient-physician trust: An exploratory study. *The Journal of Family Practice, 44*(2), 169–176.

Thom, D. H., Kravitz, Richard L., Bell, Robert A., Krupat, E., & Azari, R. (2002). Patient trust in the physician: Relationship to patient requests. *The Journal of Family Practice, 19*(5), 476–483.

Thom, D. H., Ribisl, K. M., Stewart, A. L., Luke, D. A., & Stanford Trust Study Physicians. (1999). Further Validation and Reliability Testing of the Trust in Physician Scale. *Medical Care, 37*(5), 510–517.

Verma, D. P. S., & Sopti, R. (2002). Patients' perception of medical services. *Journal of Services Research, 2*(1), 123–135.

Vick, S., & Scott, A. (1998). Agency in health care. examining patients' preferences for attributes of the doctor-patient relationship. *Journal of Health Economics, 17,* 587–605.

Zaner, R. M, (1991). The Phenomenon of Trust and the Patient-Physician Relationship. In E. D. Pellegrino, R. M. Veatch & J. P. Langan (Hrsg.), *Ethics, trust, and the professions. Philosophical and cultural aspects.* Washington: Georgetown University Press.

Autorenporträt

Vanessa Julia Haselhoff geb. Hessenkamp, Dipl.-Kffr. und Dr. rer. pol., studierte Wirtschafts- und Sozialwissenschaften mit den Schwerpunkten Marketing, Unternehmensrechnung/Controlling, Industriebetriebslehre und Logistik an der Universität Dortmund und machte 2004 ihren Abschluss. Anschließend war sie als wissenschaftliche Mitarbeiterin am Lehrstuhl für Marketing beschäftigt, betreute diverse Lehrveranstaltungen sowie Forschungsprojekte und promovierte zum Thema „Patientenvertrauen in Krankenhäusern". Sie kommt gebürtig aus Unna und wurde 2012 dort an den Hochschulcampus für die Hochschule für angewandtes Management als Professorin für Betriebswirtschaft berufen. 2010 gründete sie mit ihrem Doktorvater und einem Kollegen das Institut für Marketingberatung GmbH Dortmund, für das sie seitdem als Geschäftsführerin und Beraterin tätig ist.

Die ärztliche Zweitmeinung im deutschen Gesundheitssystem – Betrachtung der gesetzlichen und privaten Krankenversicherung und empirische Analyse der Gesellschaft

2

Kathrin Eder, Lisa Gutmann und Volker Nürnberg

Zusammenfassung

Im andauernden Kampf mit den steigenden Kosten im Gesundheitswesen interessieren sich Krankenversicherungen für die Option der ärztlichen Zweitmeinung, vor allem um vermeidbare Ausgaben für kostspielige operative Eingriffe zu reduzieren. Experten bemängeln längst die hohe Operationsrate in deutschen Kliniken, die aus medizinischer Sicht nicht immer zwingend notwendig ist und oftmals ökonomischen Anreizen zugeschrieben wird. Durch einen weiteren Arztbesuch entstehen auf kurze Sicht Mehrkosten, jedoch könnten auf diese Weise Alternativen identifiziert werden, die langfristig niedrigere Behandlungskosten

K. Eder (✉)
Pécs, Ungarn
E-Mail: Eder.kathrin@gmx.de

L. Gutmann
München, Deutschland
E-Mail: lisa_gutmann@gmx.de

V. Nürnberg
Karlsbad, Deutschland
E-Mail: volker.nuernberg@fham.de

V. Nürnberg (Hrsg.), *Die ärztliche Zweitmeinung*,
DOI 10.1007/978-3-658-11567-8_2

mit sich bringen. Im Rahmen dieser empirischen Arbeit wurden 130 Personen befragt, um Kenntnisse zum Thema ärztliche Zweitmeinung zu gewinnen. Die Untersuchung stellt dar, wie wichtig Versicherten die Option der ärztlichen Zweitmeinung ist und ob sie diese Möglichkeit kennen und bereits nutzen. In einem weiteren Schritt ist der Aspekt der Kostenersparnis und des Nutzens für das deutsche Gesundheitssystem eine interessante Untersuchungsthese.

2.1 Behandlungs- und Diagnosefehler in der Medizin

Kopfschmerzen, Bluthochdruck oder Rückenschmerzen: Tagtäglich nehmen Millionen Menschen das deutsche Gesundheitssystem in Anspruch und lassen sich – auf der Suche nach der geeigneten Schmerzlinderung – untersuchen und behandeln.

Nie war das Gesundheitswesen weiter entwickelt als jetzt. Der medizinisch-technische Fortschritt, sowie moderne Diagnoseverfahren erlauben, einst tödliche Krankheiten zu heilen oder zu kontrollieren. Doch je komplexer dieses System mit unbegrenzten Möglichkeiten ist, desto anfälliger wird es für Fehler. Sich zu irren und Fehler zu begehen ist menschlich, doch gerade in der Medizin kann ein Fehler schwerwiegende Folgen nach sich ziehen. So lassen sich auch Behandlungsfehler nie vollends vermeiden, auch wenn Ärzte und Kliniken die Qualitätsstandards zunehmend verbessern.

Voneinander abzugrenzen sind die Begrifflichkeiten „Behandlungsfehler" und „Diagnosefehler". Laut dem Bundesministerium für Gesundheit versteht man unter einem Behandlungsfehler „eine nicht ordnungsgemäße, d. h. nicht den zum Zeitpunkt der Behandlung bestehenden allgemein anerkannten medizinischen Standards entsprechende Behandlung (…)" (Bundesministerium für Gesundheit 2014), welche alle ärztlichen Tätigkeitsbereiche betreffen kann. Dabei kann es sich um Fehlverhalten medizinischen Charakters, organisatorischer Abläufe oder zuarbeitender Personen, wie z. B. Pflegepersonal handeln. Auch bereits fehlende, unvollständige oder unverständliche Aufklärung über Eingriffe und deren Risiken stellt eine Verletzung des Behandlungsvertrags dar und kann Schadensansprüche des Patienten zur Folge haben (Bundesministerium für Gesundheit 2014).

Der Diagnosefehler definiert sich durch das fehlende Erkennen oder eine unzureichende Auswertung von Krankheitssymptomen, durch nicht abgeklärte Verdachtsdiagnosen oder die mangelhafte Erhebung von Befunden. Wie auch im Rahmen eines Behandlungsfehlers können bei einem Diagnosefehler vom Patienten Schadensansprüche gegen den Behandelnden gefordert werden.

Zusammenfassend und für beide Begrifflichkeiten geltend, lässt sich sagen, dass „jede ärztliche Maßnahme, die gegen die Regeln der medizinischen Wissenschaft und Erfahrung verstößt und die gebotene Sorgfalt vermissen lässt (…)" (Zunker o. J.) vermieden werden will, um Folgen für Patient und Arzt sowie Kosten für das deutsche Gesundheitssystem zu sparen (Zunker o. J.). In folgender Arbeit wird ausschließlich als einheitliche Begrifflichkeit der Behandlungsfehler verwendet.

Eine genaue Zahl der Behandlungsfehler ist schwer einzuschätzen und liegt laut Bundesministerium bei 40.000 bis 170.000 Fehlern pro Jahr, was hohe Kosten für das Gesundheitssystem mit sich bringt. Da die Anzahl der durchgeführten Operationen in Deutschland mit 15,8 Mio. Eingriffen stetig ansteigt, wachsen die Behauptungen, die Entwicklung sei finanziellen Anreizen aufseiten der Krankenhäuser geschuldet (AOK Gesundheitskasse 2014). Nicht nur aus diesem Grund wird die Forderung zunehmend lauter, vor einer Operation oder bei Zweifeln an der Diagnose des Arztes, eine Zweitmeinung eines anderen Mediziners einzuholen. Warum diese Möglichkeit des Gesundheitssystems nicht häufiger Anwendung findet, soll mittels einer empirischen Untersuchung dargestellt werden.

2.1.1 Zielsetzung

Basierend auf vorhergehend erläuterte Grundlagen kann die Vermutung aufgestellt werden, dass die Kosten für das deutsche Gesundheitssystem mit verbreiteter Inanspruchnahme von ärztlicher Zweitmeinung gesenkt werden könnten. Somit entstehen zwar höhere Kosten durch einen weiteren Arztbesuch, jedoch könnten auf diese Weise Alternativen mit niedrigeren Behandlungskosten gefunden werden. Im Rahmen dieser empirischen Analyse wurden 130 Personen befragt, um fundierte Kenntnisse zum Thema ärztliche Zweitmeinung zu gewinnen. Mittels einer empirischen Untersuchung soll beantwortet werden, wie wichtig Versicherten die Option der ärztlichen Zweitmeinung ist und ob sie diese Möglichkeit kennen und nutzen. Besonders interessant ist dabei der Aspekt der Kostenersparnis und des Nutzens für das Gesundheitssystem.

2.2 Die ärztliche Zweitmeinung

2.2.1 Gesetzliche Rahmenbedingungen

Angesichts der enorm ansteigenden Zahl an durchgeführten Operationen in Deutschland, wurde die Forderung nach einer gesetzlichen Regelung zur ärztlichen Zweitmeinung in der Vergangenheit zunehmend lauter. Ziel sollte unter anderem die Überprüfung oder gar Reduktion der kostspieligen Eingriffe sein, da sich häufiger der Verdacht bestätigt, die rasant steigende Zahl gehe auf wirtschaftliche Interessen zurück. Schließlich werden operative Eingriffe weitaus besser vergütet als konservative Behandlungen, welche medikamentöse und physikalische Therapieformen umfassen (Nithard et al. 2013).

Bereits in der Charta der Patientenrechte von 1999 wurde das Patientenrecht auf eine ärztliche Zweitmeinung gefordert, jedoch nur im Zusammenhang mit den damit verbundenen Kosten für die Versicherten (Hart 2003). Eine gesetzliche Regelung zum Thema Zweitmeinung gab es jedoch lange Zeit nicht. Im Laufe der Jahre und mit Entwicklung der Gesundheitspolitik wurde Ende des Jahres 2014 der Entwurf eines Gesetzes zur Stärkung der Versorgung in der gesetzlichen Krankenversicherung (GKV-Versorgungsstärkungsgesetz) beschlossen. Das Gesetz zielt in erster Linie auf die Sicherstellung einer gut erreichbaren medizinischen Versorgung auf hohem Niveau ab und beinhaltet darüber hinaus die Regelung der Zweitmeinung zur Erweiterung der Leistungsansprüche für Versicherte (Pressemitteilung des Bundesministeriums für Gesundheit 2014). Demnach erfolgte eine Änderung des Fünften Buches Sozialgesetzbuch, indem „§ 27b Zweitmeinung“ eingefügt wurde.

Das GKV-Versorgungsstärkungsgesetz – kurz GKV-VSG – stellt die Weiterentwicklung der eingeleiteten Maßnahmen des GKV-Versorgungsstrukturgesetzes aus dem Jahre 2011 dar und gilt als Reaktion auf „die demographische Entwicklung, neue Möglichkeiten der Behandlung, die sich aus dem medizinisch-technischen Fortschritt ergeben, sowie unterschiedliche Versorgungssituationen in Ballungsräumen und strukturschwachen Regionen“ (Gesetzesentwurf der Bundesregierung 2014). Mit Änderung des Gesetzesentwurfs sollen Versicherte einen „Anspruch auf die Einholung einer ärztlichen Zweitmeinung bei bestimmten planbaren Eingriffen [erhalten, um sicher zu gehen], dass nur solche Eingriffe durchgeführt werden, die auch tatsächlich medizinisch notwendig sind“ (Gesetzesentwurf der Bundesregierung 2014). Zudem legt der gemeinsame Bundesausschuss fest, dass „die Zweitmeinung (…) nicht bei einem Arzt oder einer Einrichtung eingeholt werden [darf], durch den oder durch die der Eingriff durchgeführt werden soll“ (Gesetzesentwurf der Bundesregierung 2014), wodurch Objektivität und Reliabilität des zweiten Befundes gegeben werden soll. Die Ergebnisse sollen somit unabhängig vom Messenden sein und eben auch im besten Fall dieselben Messwerte ergeben wie bei der Erstdiagnose.

Das Recht der Versicherten nach § 27b SGB V eine ärztliche Zweitmeinung einzuholen, erfordert unvermeidlich hohen organisatorischen Aufwand. Den entstehenden Mehrleistungen stellt der Gesetzesentwurf die „erheblichen Einsparungen durch eine Vermeidung medizinisch nicht indizierter operativer Eingriffe gegenüber“. In welcher Höhe die Mehrausgaben und Einsparungen liegen, wird jedoch nicht quantifiziert (Gesetzesentwurf der Bundesregierung 2014). Um Einsparungen durch die reduzierte Anzahl an Operationen und Verhinderung von Fehlbehandlungen zu bewirken, muss neben der Aufnahme im Sozialgesetzbuch das Thema ärztliche Zweitmeinung nun auch vermehrt in der Bevölkerung kommuniziert werden.

2.2.2 Ärztliche Zweitmeinung in der gesetzlichen Krankenversicherung

Im andauernden Kampf mit den steigenden Kosten im Gesundheitswesen sind besonders die gesetzlichen Krankenversicherungen an Einsparungen interessiert und unterstützen die Option der Zweitmeinung, um Versicherte vor vermeidbaren Indikationsausweitungen zu schützen. Experten bemängeln längst die hohe Operationsrate in deutschen Kliniken, die aus medizinischer Sicht nicht zwingend notwendig und oftmals ökonomischen Anreizen geschuldet ist (Der Spiegel 2013). Angesichts der Entwicklung vollstationärer Fälle, die in deutschen Krankenhäusern im Zeitraum von 2007 bis 2012 von 17,2 auf 18,6 Mio. und somit um 8,4 % angestiegen ist (Hamburg Center for Health Economics 2014), lassen sich die immensen Ausgaben für Krankenhausbehandlungen erklären: Im Jahre 2013 wurden hierfür knapp 65 Mrd. EUR ausgegeben, was zirka ein Drittel aller Ausgaben der gesetzlichen Krankenversicherung (GKV) bedeutet (Abb. 2.1) (GKV-Spitzenverband 2014).

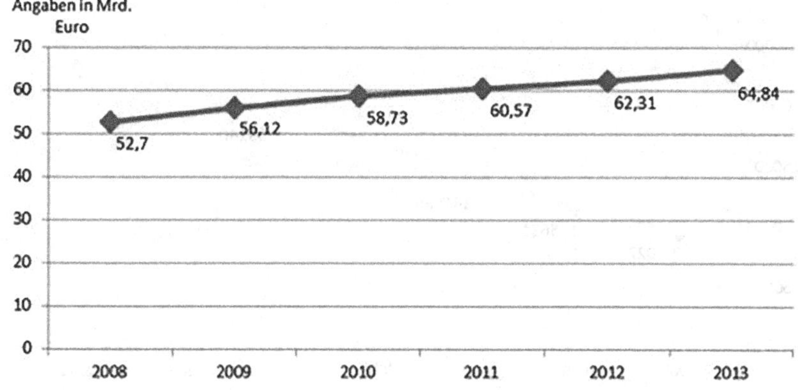

Abb. 2.1 Ausgaben der GKV für Krankenhausbehandlungen von 2008 bis 2013

Demnach sind Aufklärung und Angebote zur ärztlichen Zweitmeinung im Umfeld der GKVs nicht erst seit der gesetzlichen Regelung umfangreich. Die Techniker Krankenkasse (TK) als größte deutsche GKV (Handelsblatt 2014) bietet ausführliche Informationen und innovative Maßnahmen zum Thema Zweitmeinung. Auf der Internetseite schildert die Kasse den Versicherten das Recht zum Einholen einer zweiten Meinung und stellt verschiedene Optionen dar, beispielsweise das „Zweitmeinungstelefon", wodurch rund um die Uhr eine qualifizierte Beratung per Telefon möglich ist. Unter dieser Telefonnummer sind geschulte Fach- und Allgemeinmediziner zu Fragen bezüglich Gesundheitsproblemen, Medikamenten und Therapieoptionen erreichbar und sollen zeitnah Aufklärung ermöglichen. Auf diese Weise sollen lange Wartezeiten bei dem Facharztbesuch vermieden und vor allem Versicherten im ländlichen Raum längere Anfahrtswege abgenommen werden. Die Option der Zweitmeinung ersetzt nicht in jedem Fall eine persönliche Untersuchung beim Facharzt. Sie kann aber schnell und unkompliziert bei gewissen Fragestellungen weiterhelfen. Zusätzlich bietet die Kasse die Möglichkeit, bereits vorliegende Befunde an das TK-Ärztezentrum zu senden und nach Unterlageneingang in einem Rückruf umfassende Erläuterungen von einem Arzt zu erhalten (Techniker Krankenkasse 2010).

Zu dem aktuellen Thema der Wirbelsäulenoperationen bietet die TK einen besonderen Zweitmeinungsservice. Neben dem allgemeinen Anstieg der Operationen in Deutschland ist insbesondere die Entwicklung der Wirbelsäuleneingriffe enorm – diese haben sich von 2005 bis 2010 mehr als verdoppelt (Abb. 2.2) (Tamm 2013).

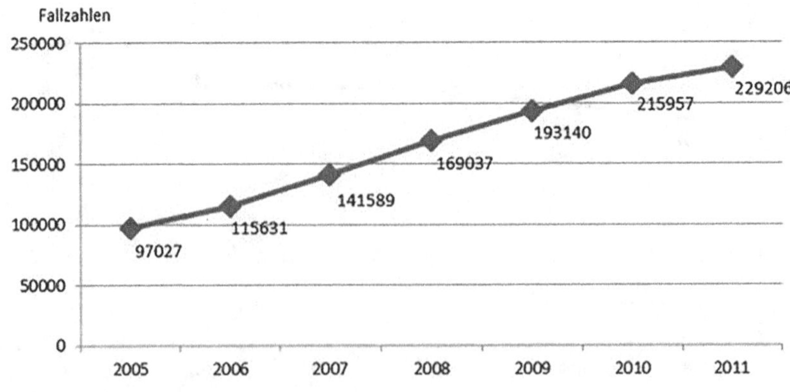

Abb. 2.2 Wirbelsäuleneingriffe in Deutschland von 2005 bis 2011

Um den daraus resultierenden Kosten und einem weiteren Operationsanstieg gegenzulenken, wird den TK-Versicherten eine spezielle Zweitmeinung vor Wirbelsäuleneingriffen angeboten. Demnach besteht für Patienten die Option, bundesweit in einem der kooperierenden 30 Schmerzzentren für Rückenerkrankungen eine fundierte ärztliche Zweitmeinung zu erhalten. Unter der Zusammenarbeit von Schmerz-, Physio- und Psychotherapeuten werden alternative Therapieoptionen untersucht und häufig die geplante Operation abgewendet. Besonderer Vorteil ist die kurze Wartezeit in einem der Schmerzzentren: Termine werden innerhalb von zwei Tagen erteilt (TKK 2010).

Neben der Techniker Krankenkasse bieten auch die AOK, die Barmer GEK oder die DAK Gesundheit ihren Versicherten ein umfangreiches Angebot an Zweitmeinungen. Wie im Gesetzesentwurf erläutert, können diese Maßnahmen der GKVs als Realisierung der zuvor erwähnten Kostenersparnis gesehen werden, welche unter anderem durch die Vermeidung von operativen Eingriffen erreicht werden soll.

2.2.3 Ärztliche Zweitmeinung in der privaten Krankenversicherung

Verglichen mit den gesetzlichen Kassen, wird der Umgang mit ärztlicher Zweitmeinung in der privaten Krankenversicherung (PKV) nicht eindeutig erkenntlich. Auch wenn GKVs regelrecht mit der Option der Zweitmeinung werben und großes Interesse an der Beanspruchung ihrer Versicherten zeigen, lässt sich diesbezüglich keine einheitliche Vorgabe aufseiten der PKVs finden.

Folgender Absatz der Musterbedingungen 2009 für die Krankheitskosten- und Krankenhaustagegeldversicherung des Verbands der Privaten Krankenversicherung gibt Auskunft über die Einschränkungen der Leistungspflicht:

> Übersteigt eine Heilbehandlung oder sonstige Maßnahme (…) das medizinisch notwendige Maß, so kann der Versicherer seine Leistungen auf einen angemessenen Betrag herabsetzen. Stehen die Aufwendungen für die Heilbehandlung oder sonstige Leistungen in einem auffälligen Missverhältnis zu den erbrachten Leistungen, ist der Versicherer insoweit nicht zur Leistung verpflichtet (Verband der Privaten Krankenversicherung e. V. 2009).

Sofern nicht individuell vertraglich festgelegt, garantiert die PKV ihren Versicherten keine Kostenübernahme bei zusätzlichen Forderungen durch eine ärztliche Zweitmeinung.

Das unterschiedliche Interesse der deutschen Krankenversicherungen ist mit deren Prinzipien zu erklären: GKVs pflegen das Solidaritätsprinzip, wodurch eine Umverteilung und Ausgleich zwischen Gesunden und Kranken, Jungen und Alten und besser und schlechter Verdienenden erfolgt (Deutsche Sozialversicherung o. J.). Somit bleibt bei Kostenreduktion durch vermeidbare Operationen mehr Geld zur Verfügung, das die Krankenkasse an anderer Stelle einsetzen kann. Die PKVs dagegen verfolgen das Kostendeckungsprinzip, was bedeutet, dass jeder Versicherte mittels seines individuellen Beitrags das persönliche Risiko deckt (Waltermann 2014). Demzufolge kann die Mehrkostenübernahme für Zweitmeinungen individuell im Leistungskatalog aufgenommen oder dem Versicherten zusätzlich in Rechnung gestellt werden, sofern sie das „medizinisch notwendige Maß" (Verband der Privaten Krankenversicherung e. V. 2009) übersteigen sollten. Da im Bereich der privaten Versicherungen noch kein einheitlich geltender Umgang mit der Kostenübernahme für Zweitmeinungen getroffen wurde, sollten Versicherte vor dem Arztbesuch Rücksprache mit ihrer Versicherung halten.

2.3 Empirische Untersuchung

Um die Meinung der Bevölkerung abbilden zu können, wurde eine empirische Untersuchung mittels eines Fragebogens durchgeführt. Dabei wurde versucht, die Einstellung von gesetzlich und privat Versicherten einzuholen und die aktuelle Lage in Bezug auf ärztliche Zweitmeinung zu ermitteln.

2.3.1 Bildung der Hypothesen

Anhand der empirischen Untersuchung sollte die allgemeine Einstellung der deutschen Bevölkerung zum Thema „ärztliche Zweitmeinung" ermittelt werden. Aufgrund der gesetzlichen Vorgaben hat jeder Versicherte in Deutschland die Möglichkeit, bei einem medizinischen Anliegen eine zweite Meinung einzuholen.

In Abb. 2.1 und 2.3 kann man erkennen, dass es rund 73 % von den 130 Patienten wichtig bis sehr wichtig ist, die Möglichkeit zu haben, eine Zweitmeinung einholen zu können.

Demnach kann angenommen werden, dass aufgrund der Wichtigkeit auch die Mehrzahl der Patienten die Möglichkeit einer ärztlichen Zweitmeinung nutzen.

Falls man dieser Hypothese folgt, ist auch annehmbar, dass folglich das deutsche Gesundheitssystem kurzfristig mit höheren Arzt- bzw. Behandlungskosten konfrontiert wird. Auf lange Sicht aber sollten die Ausgaben niedriger gehalten

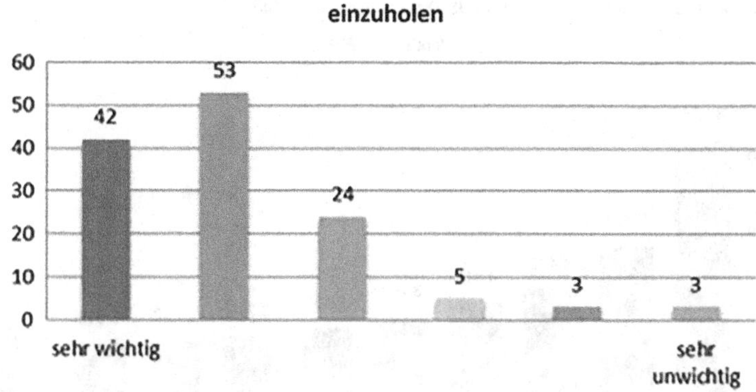

Abb. 2.3 Wichtigkeit der Möglichkeit eine Zweitmeinung einzuholen. (Eigene grafische Darstellung der Frage 3 aus dem Fragebogen)

werden, da man sich von dem Einholen der zweiten Meinung eine Reduktion von vermeidbaren Behandlungen verspricht, wie z. B. vermeidbare Operationen.

Laut einer Studie[1] der OECD (Organisation for Economic Co-operation and Development) aus dem Jahr 2011 (Abb. 2.4) ist erkennbar, dass Deutschland mit 4495 US$ Gesundheitsausgaben pro Kopf an dritter Stelle im internationalen Vergleich liegt. Die OECD misst die Ausgaben anhand zweier Indikatoren: Dem Anteil der Gesundheitsausgaben an der gesamten Wirtschaftsleistung und der Summe, die ein Land pro Einwohner für Gesundheit ausgibt.

Betrachtet man nun die Entwicklung der Ausgaben der gesetzlichen Krankenversicherungen für ärztliche Behandlungen in den Jahren 2000 bis 2013, so ist ein sehr starker Anstieg erkennbar. Waren es 2000 noch 22,01 Mrd. EUR, so sind es im Jahr 2013 fast 10 Mrd. EUR mehr (Abb. 2.5).

Bei Betrachtung dieser enormen Entwicklung in den letzten 13 Jahren kann man davon ausgehen, dass diese Ausgaben in den folgenden Jahren sicherlich noch steigen werden. Dies hat zur Folge, dass das deutsche Gesundheitssystem mit immer höheren Kosten belastet wird. Es kann angenommen werden, dass sich unter den 31,43 Mrd. Euro auch viele doppelte Behandlungen befinden. Denn jeder Patient, der sich nicht von seinem erstbetreuenden Arzt auch behandeln

---

[1]Statista hat die Daten der Gesundheitsausgaben von OECD für die ZEIT ONLINE grafisch dargestellt.

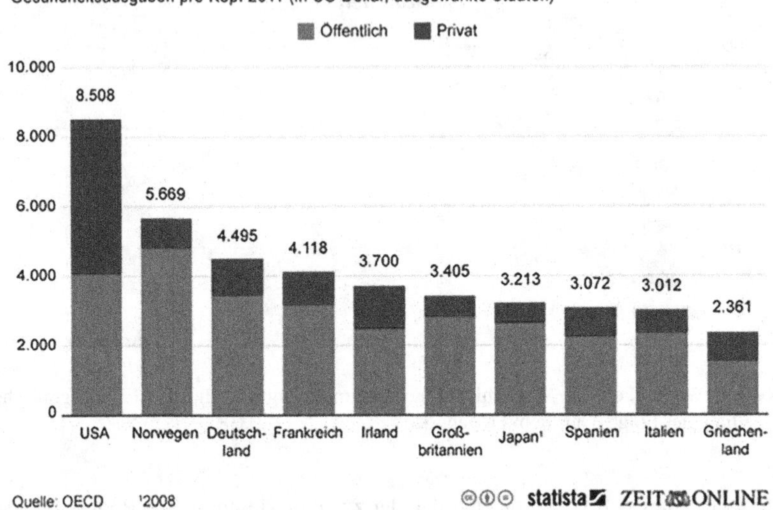

Abb. 2.4 Gesundheitsausgaben pro Kopf in ausgewählten Staaten. (Statista 2011)

lässt, sondern aus verschiedenen Gründen eine Zweitmeinung einholt, trägt zu den erhöhten Kosten, die ein weiterer Arztbesuch mit sich zieht, bei.

Nachfolgend beschäftigt sich die Arbeit mit den beschriebenen Zusammenhängen. Die Forschungsfragen lauten:

1. Wie viele Patienten haben sich in der Vergangenheit bereits eine ärztliche Zweitmeinung eingeholt?
   1.1. Warum wurde eine Zweitmeinung eingeholt?
   1.2. Welcher Behandlungsvorschlag wurde angenommen?
2. Wie viele Patienten haben sich in der Vergangenheit noch **keine** ärztliche Zweitmeinung eingeholt?
   2.1. Warum wurde bisher noch keine Zweitmeinung eingeholt?
   2.2. Würden sie in der Zukunft eine Zweitmeinung einholen?
   2.3. Entstehende Kosten für das Gesundheitssystem

Ausgaben der gesetzlichen Krankenversicherung (GKV) für ärztliche Behandlungen* in den Jahren 2000 bis 2013 (in Milliarden Euro)

Die vorliegende Statistik zeigt die Ausgaben der gesetzlichen Krankenversicherung (GKV) für ärztliche Behandlungen* in den Jahren 2000 bis 2013. Im Jahr 2000 beliefen sich die GKV-Ausgaben für Ärzte auf rund 22,01 Milliarden Euro.

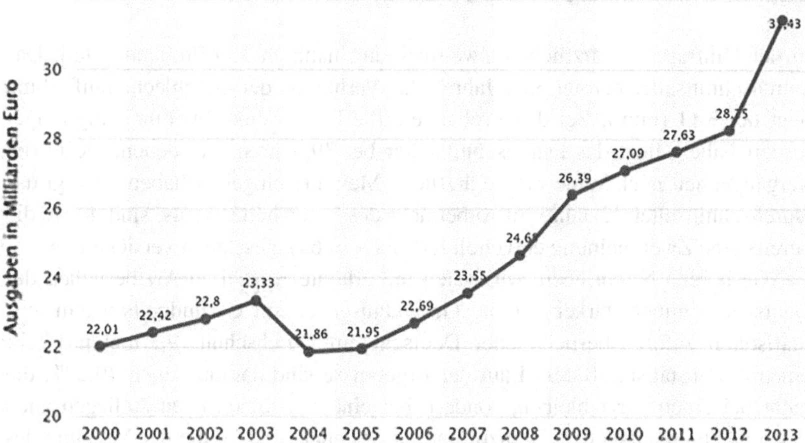

Abb. 2.5 Ausgaben der gesetzlichen Krankenversicherung (GKV) für ärztliche Behandlungen in den Jahren 2000 bis 2013 (in Milliarden Euro). (Quelle: Statista 2015a)

2.3.2 Auswahl und Auswertung der Methode

Als Erhebungsmethode eignet sich hierbei am besten eine fragebogenbasierte Erfassung der Daten. Damit wird in kurzer Zeit eine Vielzahl an Fragebogenteilnehmern erreicht. Die Erstellung des Fragebogens fand über die Plattform von google.docs statt. Vor der Veröffentlichung des Fragebogens erfolgte ein Pilottest an fünf Probanden. Anschließend wurde die Befragung gestartet. Nach 14 Tagen lagen 130 ausgefüllte Fragebögen zur Auswertung bereit. Um den Einfluss der Kontrollvariable „Alter" insbesondere bei den älteren Probanden zu minimieren, wurden ältere Probanden vorwiegend mit der Paper-Pencil-Methode befragt. Dies stützte sich auf die Vermutung, dass ältere Probanden aufgrund mangelnder Erfahrung Schwierigkeiten bei der Handhabung mit dem Internet haben und sich dies auf ihr Antwortverhalten auswirken könnte. Von den 130 ausgefüllten Bögen wurden ca. 60 % über die Internetplattform bearbeitet, der Rest erfolgte als Paper-Pencil-Befragung. Das Durchschnittsalter der Befragten liegt bei 35,4 Jahren.

Die anschließende Datenauswertung erfolgte über das Microsoft Office Programm Excel. Ziel war dabei die Darstellung der Häufigkeiten und die Ermittlung von Zusammenhängen, die nachfolgend genauer erläutert werden.

2.4 Darstellung der Ergebnisse

In der Umfrage zur ärztlichen Zweitmeinung nahmen 130 Probanden teil. Das Durchschnittsalter beträgt 35,4 Jahre. Das Verhältnis der Geschlechteraufteilung liegt bei 9:11 (m:w). Bei den Probanden, die bereits eine Zweitmeinung eingefordert haben, liegt das Durchschnittsalter bei 39 Jahren. Bei denen, die in der Vergangenheit noch keine zweite ärztliche Meinung eingeholt haben, beträgt das Durchschnittsalter 32 Jahre. In Anbetracht des Versichertenstatus, sind 44 %, die bereits eine Zweitmeinung eingeholt haben (N = 64), gesetzlich versichert.

Wie bereits beschrieben, wirkt sich die erhöhte Anzahl an Arztbesuchen der Deutschen immer stärker auf die Gesamtausgaben im Gesundheitssystem aus. Statistiken zufolge besucht jeder Deutsche im Durchschnitt 9,7-mal pro Jahr einen Arzt (Statista 2015b). Laut der Ergebnisse sind darunter auch 49,2 %, die nicht bei einem Arzt bleiben, sondern bei einem medizinischen Anliegen auch einen weiteren aufsuchen. Demzufolge gibt es auch 50,8 %, die der Meinung des erstbehandelnden Arztes vertrauen und sich dort behandeln lassen.

Mit der Umfrage sollte demnach auch herausgestellt werden, worin die Gründe für eine ärztliche Zweitmeinung (N = 64[2]) liegen (Abb. 2.6).

Anhand der Auswertung ist zu sehen, dass das mangelnde Vertrauen zum Arzt der häufigste Grund für eine ärztliche Zweitmeinung ist. 59 % der Probanden, die bereits eine Zweitmeinung eingeholt haben, geben dies als Grund an. Auch erkennbar ist, dass 38 % möglicherweise mit dem ersten Behandlungsvorschlag nicht zufrieden waren und sich deshalb nach einer Behandlungsalternative umgesehen haben.

Interessanter ist jedoch die nächste Frage: Für welchen Behandlungsvorschlag hat sich der Proband schließlich entschieden? (Abb. 2.7).

Bei Betrachtung der Abb. 2.7 fällt auf, dass bei 53 % die zweite Meinung nicht mit der des erstbehandelnden Arztes übereinstimmte.

44 % der 64 Probanden, die bereits eine Zweitmeinung in der Vergangenheit eingeholt haben, gaben an, dass die beiden Behandlungsvorschläge nicht

[2]Anzahl von Befragten, die im Fragebogen angegeben haben, dass sie bereits eine ärztliche Zweitmeinung eingeholt haben.

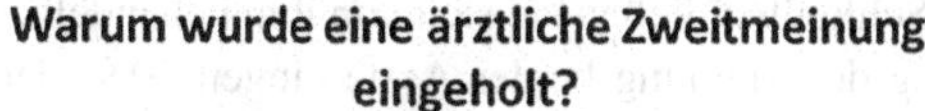

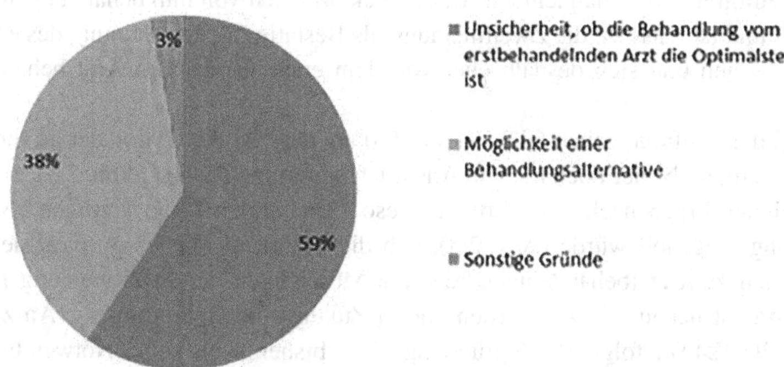

Abb. 2.6 Gründe für eine ärztliche Zweitmeinung. (Eigene grafische Darstellung der Ergebnisse aus dem Fragebogen (Frage 6a): Aus welchen Gründen haben Sie eine ärztliche Zweitmeinung eingeholt?)

Für welchen Behandlungsvorschlag haben Sie sich entschieden?

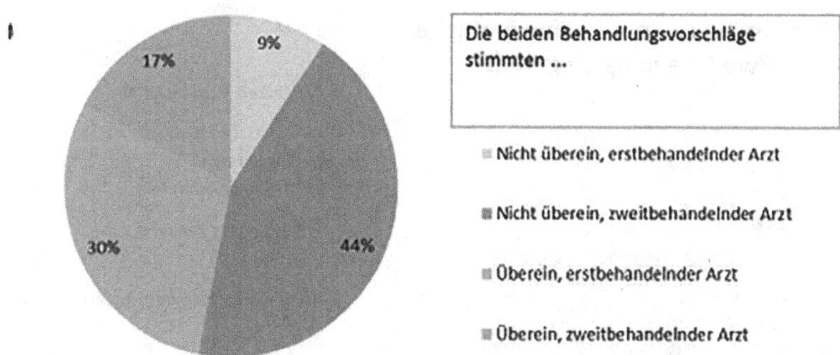

Abb. 2.7 Entscheidung für einen Behandlungsvorschlag. (Eigene grafische Darstellung der Ergebnisse aus dem Fragebogen (Frage 6c): Für welchen Behandlungsvorschlag haben Sie sich entschieden?)

miteinander übereinstimmten und sie der Meinung des zweiten Arztes größeres Vertrauen entgegenbrachten. Schließlich ließen sie sich von ihm behandeln.

Bei einer Übereinstimmung der Meinung beider Ärzte gingen 30 % der Patienten zu ihrem erstbehandelnden Arzt zurück, um sich von ihm behandeln zu lassen. Grund ist, dass sie die Zweitmeinung als Bestätigung der Meinung des ersten Arztes sahen und sich deshalb eher von dem erstbehandelnden Arzt behandeln ließen.

Bei der Umfrage gaben 50,3 % (N = 66) an, dass sie die Option der ärztlichen Zweitmeinung bisher noch nicht in Anspruch genommen haben (Abb. 2.8).

Bei der Frage nach dem Grund, wieso bisher noch keine ärztliche Zweitmeinung eingeholt wurde (Abb. 2.8), gab die Mehrzahl (45 %) an, dass sie aus Vertrauen zum erstbehandelnden Arzt die Möglichkeit der Zweitmeinung nicht beansprucht haben. Jedoch würden alle in Zukunft die Option nutzen. An zweiter Stelle (24 %) folgt die Begründung, dass bisher noch keine Notwendigkeit bestand, eine Zweitmeinung einzuholen.

Betrachtet man nun den Zusammenhang zwischen Frage 3 und 8 (Wie wichtig ist es für Sie, eine weitere Diagnose von einem anderen Arzt einholen zu können? & Ihre Einschätzung: In Anbetracht der Mehrkosten für das deutsche Gesundheitssystem, wie notwendig schätzen Sie das Einholen einer Zweitmeinung bei einer Diagnose ein?) in Abb. 2.9, fällt auf, dass den Befragten, denen

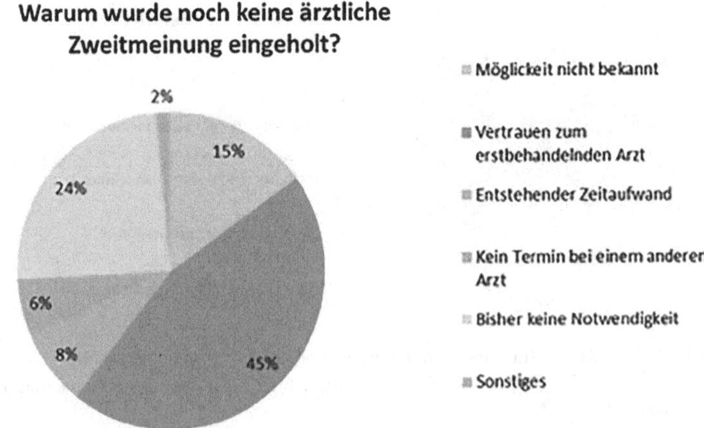

Abb. 2.8 Gründe für das Nicht-Einholen einer ärztlichen Zweitmeinung. (Grafische Darstellung der Ergebnisse aus dem Fragebogen (Frage 5a): Warum haben Sie bisher noch keine ärztliche Zweitmeinung eingeholt?)

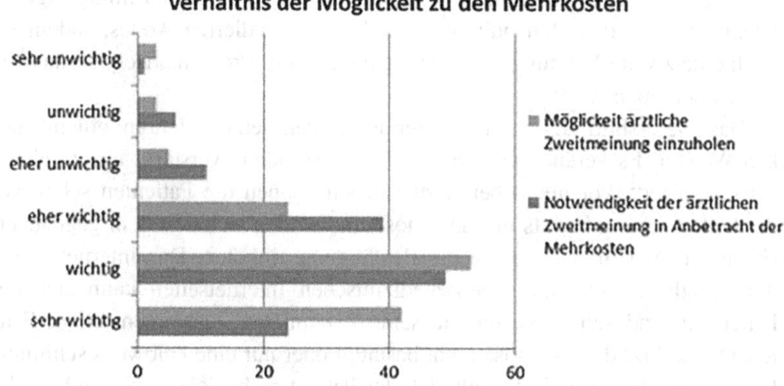

Abb. 2.9 Verhältnis der Möglichkeit einer ärztlichen Zweitmeinung zu den anfallenden Mehrkosten. (Grafische Darstellung der Ergebnisse aus dem Fragebogen (Frage 3 und 8): Zusammenhang zwischen der Wichtigkeit der ärztlichen Zweitmeinung und der Notwendigkeit in Anbetracht der Mehrkosten)

die Möglichkeit einer ärztlichen Zweitmeinung wichtig ist, die Mehrkosten für das Gesundheitssystem in Kauf nehmen. Wer im Gegensatz dazu die Möglichkeit der Zweitmeinung nicht sehr interessant findet, wiegt die Mehrkosten für das Gesundheitssystem höher.

Befragt man die Probanden nach den entstehenden Kosten bei einem zweiten Arztbesuch, geben 83,1 % an, dass diese die Krankenkasse tragen muss. In Anbetracht der Diagnose-Unterlagen (MRT-CD, Röntgenbilder, etc.) würden auch 60,8 % davon ausgehen, dass diese anfallenden Materialkosten von der Krankenkasse getragen werden sollen. 19,2 % geben an, dass der erstbehandelnde Arzt diese trägt und nur 15,4 % würden es gerechtfertigt finden, wenn diese Kosten auf sie selbst umgelagert würden. Tatsächlich ist dies aber eine Serviceleistung des erstbehandelnden Arztes. Da dies in Deutschland nicht bekannt ist, geben auch ca. 61 % an, dass die Kosten von ihrer Krankenkasse bezahlt werden. Der Arzt jedoch kann je nach Ermessen die entstehenden Kosten für Papier, CD-Material oder andere Unterlagen auf den Patienten verlagern und eine Aufwandsentschädigung verlangen.

Fazit

Basierend auf den erfassten Daten durch die Befragung kann ein Muster-Patient zusammengestellt werden, der auf die Möglichkeit der ärztlichen Zweitmeinung zurückgreift: Der Patient ist weiblich, gesetzlich versichert und ca.

34 Jahre alt. Diese Patientin ist vermutlich hoch gebildet und hinterfragt die Diagnose bzw. den Behandlungsvorschlag des studierten Arztes, indem sie noch eine zweite Meinung zur Bestätigung einholt. Problematisch ist, dass sie niemandem mehr vertraut.

Das Berufsbild des Arztes unterlag in den letzten Jahren einem starken Wandel: Es veränderte sich vom „Allwissenden" verstärkt hin zu einem „Dienstleister". Vor allem bei Arztbesuchen kennen die Patienten schon vor der Untersuchung bereits ihre Diagnose und wollen sich von dem gegenübersitzenden Mediziner nur noch die Bestätigung einholen. Das Internet macht dies möglich. Auf zahlreichen medizinischen Internetseiten kann sich der Patient anhand seiner Symptome seine Erkrankung zusammenstellen. Falls jedoch der Arzt die Diagnose nicht bestätigt oder nur eine halbwegs schlimme Erkrankung diagnostiziert, fühlt sich der Patient nicht richtig verstanden oder falsch behandelt. In ihm wird die Angst groß, dass der Arzt eine vermeintlich schwere Krankheit nicht erkennt. Er ist sich somit unsicher und sucht deshalb einen zweiten Arzt auf, um sich die Diagnose des ersten Arztes widerlegen zu lassen bzw. zu bestätigen.

Ebenso tragen zu der hohen Zweitmeinungsrate immer transparenter werdende Fehler bei der medizinischen Behandlung bei. Früher noch wurden die Mediziner als „Götter in Weiß" angesehen, denen keine Fehler passieren. Heutzutage werden Fehler von Medizinern immer öfter durch die Medien ans Tageslicht gebracht. Dies reicht so weit, dass sich ein Misstrauen bei den Patienten einstellt und sie sich selbst helfen wollen. Aus dem Anlass holen sie zwei Meinungen ein, um einen Fehler bei der Diagnose auszuschließen.

Für das deutsche Gesundheitssystem entstehen dadurch enorme Kosten, die sich voraussichtlich auch in den kommenden Jahren noch weiter erhöhen werden. Bei einem zweiten Arztbesuch fallen dementsprechend auch doppelte Arzthonorare an, da der Patient bei beiden Ärzten untersucht wird. Demnach werden auch die Untersuchungen doppelt berechnet, sofern der Patient keine Untersuchungsunterlagen von dem erstbehandelnden Arzt mitgebracht hat. Dies kann sich bei einer MRT-Untersuchung auf mehrere Tausend Euro belaufen.

Jedoch spricht in vielen Fällen nichts gegen eine ärztliche Zweitmeinung. Sowie bei ernsthaften Erkrankungen, wie zum Beispiel bei einer Krebserkrankung, bei schweren Rücken- und Bandscheiben-Operationen oder auch bei allen großen Operationen, die einen längeren stationären Aufenthalt und eine Anschlussheilbehandlung fordern. In solchen Fällen kann eine zweite Meinung sehr sinnvoll sein, denn manche Mediziner empfehlen andere Therapiemöglichkeiten, die eine Operation nicht unbedingt notwendig machen. Befindet man sich bei einem vertrauenswürdigen Arzt in Behandlung, wird dieser bei schwereren Erkrankungen sogar dazu raten, eine zweite Meinung einzuholen.

In vielen Fällen, bei Unsicherheit mit der Diagnose des erstbehandelnden Arztes, reicht oft ein zweites und ausführlicheres Gespräch beim selben Arzt aus, anstatt einen zweiten Arzt zu konsultieren. In dem zweiten Termin können Unsicherheiten geklärt werden, der Patient im Zweifel nachfragen und sich alles gründlich erklären lassen.

Die allgemeine Einstellung gegenüber der zweiten Arztmeinung muss sich künftig wohl an die Entwicklung des heutigen modernen Gesundheitsverständnisses anpassen. Mediziner sollten die Zweitmeinung nicht als Zweifel an ihrer fachlichen Kompetenz betrachten, sondern bei schwierigen Diagnosefällen die Option begrüßen und ihren Patienten ermutigen, sich über weitere Therapiemöglichkeiten zu informieren.

Literatur

AOK Gesundheitskasse. (2014). Destatis: Zahl der Operationen steigt auch 2013.
Aus: Deutsches Ärzteblatt. 2013; *110,* 27–28.

Bundesministerium für Gesundheit. (2014). Behandlungsfehler. http://www.bmg.bund.de/themen/praevention/patientenrechte/behandlungsfehler.html. (Zugegriffen: 12. Febr. 2015).

Deutsche Sozialversicherung. (o. J.). Grundprinzipien.

Gesetzentwurf der Bundesregierung. (2014). Entwurf eines Gesetzes zur Stärkung der Versorgung in der gesetzlichen Krankenversicherung. http://www.bmg.bund.de/fileadmin/dateien/Downloads/V/Versorgungsstaerkungsgesetz/141217_Entwurf_VSG.pdf. Zugegriffen: 12. Febr. 2015.

GKV-Spitzenverband. (2014). *Kennzahlen der gesetzlichen Krankenversicherung.* Berlin: GKV-Spitzenverband.

Hamburg Center for Health Economics. (2014). *Forschungsauftrag zur Mengenentwicklung nach § 17b Abs. 9 KHG.* Hamburg: Center for Health Economics.

Handelsblatt. (2014). Techniker ist die größte Krankenkasse. http://www.handelsblatt.com/unternehmen/banken-versicherungen/krankenversicherung-techniker-ist-die-groesste-krankenkasse/9328310.html. Zugegriffen: 01. März 2015.

Hart, D., & Francke, R. (2003). Patientenrecht. In Techniker Krankenkasse (Hrsg.), *Patientenrechts-Charta.* Hamburg: Techniker Krankenkasse.

http://www.aerzteblatt.de/archiv/142635/Endoprothetik-und-Wirbelsaeuleneingriffe-Uneinheitliches-Versorgungsgeschehen. (Zugegriffen: 20. Febr. 2015).

http://www.agz-rnk.de/agz/download/3/TK_Broschuere_Patientenrechte.pdf. (Zugegriffen: 20. Febr. 2015).

http://www.aok-gesundheitspartner.de/rh/krankenhaus/meldungen/index_10859.html. (Zugegriffen: 27. Febr. 2015).

http://www.bmg.bund.de/presse/pressemitteilungen/2014-04/kabinett-beschliesst-gkv-vsg.html. (Zugegriffen: 20. Febr. 2015).

http://www.deutsche-sozialversicherung.de/de/wegweiser/grundprinzipien.html. (Zugegriffen: 20. Dez. 2015).

http://www.gkv-spitzenverband.de/presse/zahlen_und_grafiken/gkv_kennzahlen/gkv_kennzahlen.jsp#lightbox. (Zugegriffen: 12. Febr. 2015).

Krankenkasse T. (2010). Zweitmeinung bei Wirbelsäulen-OP. http://www.tk.de/tk/behandlungen/zweitmeinung/zweitmeinung-wirbelsaeulen-op/213560. Zugegriffen: 20. Febr. 2015.

Krankenkassen sollen vor Operationen für Zweitmeinung bezahlen. (18. Nov. 2013), *Der Spiegel. Nr. 47.* http://www.spiegel.de/spiegel/vorab/krankenkassen-sollen-vor-operationen-fuer-zweitmeinung-bezahlen-a-933985.html. Zugegriffen: 27. Febr. 2015.

Niethard, F., Malzahn, J., & Schäfer, T. (2013). Endoprothetik und Wirbelsäuleneingriffe: Uneinheitliches Versorgungsgeschehen.

Pressemitteilung des Bundesministeriums für Gesundheit. (2014). Bundeskabinett beschließt Versorgungsstärkungsgesetz.

Statista. (2011). Gesundheitsausgaben pro Kopf in ausgewählten Staaten. http://de.statista.com/infografik/2739/gesundheitsausgaben-pro-kopf-in-ausgewaehlten-staaten/. (Zugegriffen: 18. März 2015).

Statista. (2015a). GKV Ausgaben für Ärzte seit 1998. http://de.statista.com/statistik/daten/studie/157176/umfrage/gkv-ausgaben-fuer-aerzte-seit-1998/. (Zugegriffen: 18. März 2015).

Statista. (2015b). Jährliche Arztbesuche pro Kopf seit 1991. http://de.statista.com/statistik/daten/studie/77182/umfrage/deutschland-jaehrliche-arztbesuche-pro-kopf-seit-1991/. (Zugegriffen: 18. März 2015).

Tamm, B. (2013). Krankenhausreport 2013 des AOK-Bundesverbands: Anzahl der Operationen in deutschen Krankenhäusern allgemein stark gestiegen, besonders drastischer Anstieg im Bereich der Wirbelsäulenoperationen. http://www.tamm-law.de/AOK-Krankenhausreport_2013.pdf. (Zugegriffen: 20. Febr. 2015).

Verband der Privaten Krankenversicherung e. V. (2009). Musterbedingungen 2009 für die Krankheitskosten- und Krankenhaustagegeldversicherung. Köln. http://www.pkv.de/service/broschueren/musterbedingungen/mb-kk-2009.pdb.pdf. (Zugegriffen: 12. Febr. 2015).

Waltermann, R. (2014). *Sozialrecht*. Heidelberg. https://books.google.de/books?id=k6fcBAAAQBAJ&pg=PT148&lpg=PT148&dq=kostendeckungsprinzip+krankenversicherung&source=bl&ots=6JqS43b5Y5&sig=wCbCI9MuX4oCsWaGzQZXBwFOHUE&hl=de&sa=X&ei=bwf3VKWQGMXtUp_pg4gF&ved=0CE4Q6AEwCA#v=onepage&q=kostendeckungsprinzip%20krankenversicherung&f=false.

Zunker, U. (o. J.). Medizinische Behandlungsfehler – Was hilft Patienten und Ärzten? Alexandra-Lang-Stiftung. Kall. http://www.ekd.de/eaberlin/TG1509_Zunker.pdf. (Zugegriffen: 20. Febr. 2015).

Autorenporträts

Kathrin Eder, M.Sc. studierte Betriebswirtschaftslehre mit der Fachrichtung Gesundheitsmanagement an der Hochschule für angewandtes Management und absolvierte 2015 erfolgreich ihr Masterstudium. Im Anschluss startete sie ein Medizinstudium.

Lisa Gutmann absolvierte ihr Bachelorstudium an der Technischen Universität München und spezialisierte sich im Rahmen des betriebswirtschaftlichen Masters auf Gesundheitsmanagement und Personal. Während ihrer Ausbildung entdeckte sie ihre Affinität für Recruitment und arbeitet nun für eine spezialisierte Personalberatung im Bereich Pharma.

Prof. Dr. Volker Nürnberg absolvierte nach dem Abitur Zivildienst in der Pflege im Krankenhaus. Es folgte ein Studium (Stipendium der Begabtenförderung), Postgraduiertenstudium und Promotion. Seit 20 Jahren beschäftigt er sich mit allen Facetten des Gesundheitsmanagements. Zunächst setzte er Konzepte bei den gesetzlichen Krankenkassen (bis 2011 als Geschäftsführer bei der AOK und BKK) um. 2011 erhielt er einen Ruf als Professor an der BWL Fakultät der Hochschule für angewandtes Management in Erding und leitet seitdem den Studiengang Gesundheitsmanagement. Darüber hinaus ist er Lehrbeauftragter an der TU München und Gastprofessor an der Universität der Ägäis. Er berät als Leiter „Health Management" bei der internationalen Unternehmensberatung Mercer Deutschland GmbH insbesondere zu den Themen Arbeitgeberattraktivität, Personalmanagement, gesetzliche und private Krankenversicherung und weiteren Gesundheitsthemen. Volker Nürnberg ist Mitglied in verschiedenen Vereinigungen und Aufsichtsräten. Mit jährlich jeweils einer zweistelligen Anzahl an Vorträgen und Publikationen zählt er zu den gefragtesten Gesundheitsexperten Deutschlands.

3 Das ärztliche Zweitmeinungsverfahren in seiner Ausgestaltung durch das GKV-VSG 2015

Jan Helfrich

Zusammenfassung

Das GKV VSG 2015 stellt die Verbesserung von Versorgung und medizinischer Qualität in den Mittelpunkt. Im stationären Bereich existieren Zweitmeinungsverfahren schon lange, jeder Patient konnte sich theoretisch beliebig viele Meinungen einholen; im ambulanten Sektor werden sich Zweitmeinungen zunehmend durchsetzen. Analog der Schwangerschaftsberatung könnte sich auch ein Modell einer unabhängigen Instanz durchsetzen, die ohne ökonomische Eigeninteressen eine qualifizierte Zweitberatung zu einschlägigen Themen durchführt.

In der 18. Legislaturperiode hat die große Koalition einen Schwerpunkt bei der Verbesserung der medizinischen Versorgung der Bevölkerung verabredet und hierbei insbesondere in die Stärkung der Qualität ins den Fokus gestellt. Viele Ziele vereinbarten die Koalitionäre schon im Rahmen der zeitaufwendigen Koalitionsverhandlungen sehr detailliert und fixierten sie konsekutiv im Koalitionsvertrag. Der Schwerpunkt der qualitativen Verbesserung der Versorgung fand dann auch Ausdruck in der Gründung eines eigenen Qualitätsinstitutes in der Ausformung einer Körperschaft öffentlichen Rechtes (IQTIG). Dieses Institut soll neben

J. Helfrich (✉)
Hamburg, Deutschland
E-Mail: jan.helfrich@dak.de

V. Nürnberg (Hrsg.), *Die ärztliche Zweitmeinung*,
DOI 10.1007/978-3-658-11567-8_3

der Messung der Struktur- und Prozessqualität, Wege definieren mit denen die patientenrelevante Ergebnisqualität bestimmter medizinischer Interventionen gemessen werden kann.

Das im GKV-VSG angestrebte ärztliche Zweitmeinungsverfahren von ausgewählten operativen Eingriffen hat demgegenüber vor allem die Indikationsqualität im Fokus. Es versucht somit, die schon lang anhaltende und leidige Diskussion um „unnötige", eventuell kommerziell motivierte Eingriffe zu entkräften. Dies sollen größtenteils orthopädische Eingriffe am Rücken, der Hüfte und den Knien sein. Hier ist über die Jahre hinweg eine Leistungsausweitung zu beobachten, die geografisch äußerst heterogen erfolgte und für die es bisher keine ausreichenden, erklärenden Faktoren gab. Denn es wurden keine Parameter identifiziert, mit denen die Menge der Eingriffe in einer bestimmten Region auch nur ansatzweise korrelierte.

Im Klartext: Weder das Alter oder die gemessene Morbidität der Bevölkerung, noch die Anzahl und Struktur der dortigen Leistungserbringer war geeignet, die Anzahl der jeweiligen Eingriffe vorherzusagen oder zu beschreiben.

Das Phänomen scheinbar willkürlicher geografischer Heterogenitäten in der Leistungserbringung ist kein deutsches Phänomen. Auch in den skandinavischen Ländern und den USA ist eine solche Ungleichverteilung zu beobachten und bisher weder durch Morbidität, Demografie, sozioökonomische Parameter noch durch die Anzahl und Struktur der Leistungserbringer erklärbar geworden.

Anstatt nun weiter nach den Ursachen zu forschen, geht das ärztliche Zweitmeinungsverfahren den umgekehrten Weg und versucht, die Indikation in jedem einzelnen Behandlungsfall zu sichern. Es wird sich zeigen, ob es beim Versuch bleiben wird.

3.1 Verfahren basiert auf vier Eingriffen

Hierzu definiert zunächst der gemeinsame Bundesausschuss, als zentrales Organ der Selbstverwaltung, vier relevante planbare, selektive Eingriffe, auf die dieses Verfahren angewandt werden soll. Eine spätere Ausweitung ist möglich, aber nicht Gegenstand der jetzigen Regelung. Die niedergelassenen Ärzte, die den Patienten einen dieser operativen Eingriffe nahelegen, werden verpflichtet, dem Patienten mündlich zu erläutern, dass die Möglichkeit einer Zweitmeinung (in Form einer zweiten Beratung) bei einem Kollegen besteht. Dieser würde dann die Indikation zur Operation bestätigen oder eine Behandlungsalternative aufzeigen. Diese Aufklärung muss mindestens 10 Tage vor dem geplanten Eingriff erfolgen um dem Patienten genügend Bedenkzeit einzuräumen. Der Gesetzgeber führt ergänzend dazu aus, dass die Mehrkosten dieses Verfahrens durch eine Reduktion der Operationszahlen aufgefangen würden.

Warum dieses Vorgehen die Indikationsqualität nur in den wenigsten Fällen verändern wird, erschließt sich, wenn man sich das Verfahren einmal in einer der wahrscheinlichen Indikationen praktisch vor Augen führt. Das ist zum Beispiel der Hüftgelenksersatz bei fortgeschrittener Coxarthrose. Der Verlauf sei hier einmal stark vereinfacht, plakativ illustriert. Ein Patient ist seit fünf bis zehn Jahren bei „seinem" Orthopäden in Behandlung. In dieser Zeit hat er neben einer immer umfangreicheren Schmerzmedikation, die eine oder andere physiotherapeutische Verordnung bekommen. Seine Gehstrecke wurde zusehends kürzer, Schmerzdauer und Schmerzintensität nahmen über die Jahre zu. Insgesamt nahm die Lebensqualität also ab. Nun eröffnet ihm „sein" Orthopäde, dass eine nachhaltige Linderung der Beschwerden nur durch einen operativen Gelenkersatz möglich sei. In diesem Kontext weist er ihn darauf hin, dass es ihm frei stünde, diese Indikationsstellung bei einem Kollegen im Rahmen eines Zweitmeinungsverfahrens qualitätssichern zu lassen.

Für wie wahrscheinlich halten wir es, dass der Patient offen sein Misstrauen gegenüber „seinem" Orthopäden zeigt? Er hätte ja den Orthopäden schon lange wechseln können. Vorausgesetzt es gibt in seiner Region überhaupt eine Alternative. Und für wie wahrscheinlich halten wir es, dass ein Kollege des Orthopäden, der mit hoher Wahrscheinlichkeit selbst Orthopäde ist, die Diagnose seines Fachkollegen offen infrage stellt? Ist es nicht vielmehr in Deutschland lang geübte Praxis, sich die Kontrolle über den „Medizinmarkt" eben nicht durch staatliche Regulierungsversuche entziehen zu lassen? Aus meiner Sicht ist dieser Ansatz zum Scheitern verurteilt, noch bevor mit der Umsetzung begonnen wurde.

3.2 Mögliche Schwachstellen dieses Ansatzes

Zwei weitere Punkte aus dem praktischen Versorgungsalltag sprechen gegen einen Erfolg dieses Ansatzes.

Schon immer war die freie Arztwahl ein konstituierendes Merkmal der gesetzlichen Krankenversicherung. Das heißt, immer schon konnte der Patient, der von der Behandlung eines Arztes nicht überzeugt war, ohne finanzielle Belastungen beliebig viele weitere Ärzte aufsuchen. Zu Zeiten der Praxisgebühr konnte dies im Extremfall bedeuten, dass er, sofern er keine Überweisung vom ursprünglich behandelnden Arzt hatte, diese nochmals bezahlen musste. Eine der Ideen der Praxisgebühr war ja eben über diese Mehrbelastung eine Steuerung der Facharztbesuche durch den ersten Arzt (in der Regel ein Hausarzt oder

Allgemeinmediziner) zu erreichen. Es zeigte sich jedoch, dass dieser steuernde Einfluss sehr gering war. Mit der Abschaffung der in der Steuerung praktisch wirkungslosen Gebühr ist auch diese kleinste Hürde entfallen. In der Praxis bedeutet dies, dass jeder Patient schon vor der Einführung des ärztlichen Zweitmeinungsverfahrens beliebig viele Meinungen von beliebig vielen Ärzten einholen konnte und kann. Einige wenige kritische Patienten werden von dieser Möglichkeit sicher Gebrauch machen, bedürfen dazu aber wohl kaum des Hinweises des behandelnden Arztes. Darüber hinaus besteht diese Möglichkeit nicht nur bei den vom GBA zu definierenden Indikationen und Eingriffen, sondern über alle Indikationen.

So kann es auch nicht überraschen, das eine unlängst unter niedergelassenen Fachärzten durchgeführte Umfrage des Asklepios Krankenhauskonzerns zum Thema ärztliche Zweitmeinung belegt, das die Befragten größtenteils die Einführung des Verfahrens begrüßt. Denn eine wirkliche Veränderung oder gar qualitative Beeinflussung des Behandlungsverlaufes ist unter den gegebenen Bedingungen von den Befragten nicht zu befürchten, aber es deutet sich an, dass die Einführung eine Begründung für eine Budgetsteigerung darstellen wird. Diese wird von den Ärzten jederzeit gern in Anspruch genommen.

Der zweite Hinweis darauf, dass die neue Regelung einer facharztgleichen Zweitmeinung ins Leere läuft, liefert die bestehende gesetzliche Regelung nach der das Krankenhaus, in dem der Eingriff durchgeführt wird, die stationäre Behandlungsbedürftigkeit feststellen muss. Im Klartext bedeutet dies, wenn das Krankenhaus einen Patienten zur Durchführung einer solchen Operation aufnimmt, hat ein Facharzt in diesem Krankenhaus die Indikation „unabhängig“ zu überprüfen und den Patienten nicht nur über die Risiken und möglichen Komplikationen aufzuklären, sondern auch über Behandlungsalternativen. Allerdings drängt sich auch hier der Eindruck auf, dass sowohl pekuniäre als auch gleichgerichtete Interessen von Krankenhaus und Zuweiser einer unabhängigen Aufklärung des Patienten entgegenstehen.

Zum ersten hätte ein Krankenhaus, das in relevantem Umfang Operationen verweigerte, die Einkommensausfälle zu verkraften und das im hoch kompetitiven Umfeld des derzeitigen stationären Leistungssektors, gerade bei hochstandardisierten, gewinnträchtigen Operationen. Außerdem „lebt“ ein Krankenhaus von seinen Zuweisern. Deren Entscheidung häufiger infrage zu stellen, gefährdet diesen Lebensnerv.

Im summa bleibt festzuhalten, dass eine Zweitmeinungsmöglichkeit für aufgeklärte Patienten schon heute im Bereich der ambulanten ärztlichen Versorgung besteht, ohne dass diese in relevantem Umfang in Anspruch genommen wird. Das kann in Kenntnis des typischen Verhandlungsverlaufes der zugrunde liegenden Erkrankung und dem besonderen Vertrauensverhältnis zwischen Arzt und Patient nicht wirklich überraschen. Garniert wird dieser Umstand durch die ausgeprägte Informationsasymmetrie zwischen Arzt und Patient. Auch die Indikationsprüfung durch das aufnehmende Krankenhaus auf Facharztniveau versagt flächendeckend aufgrund der intensiven Verflechtung zwischen Krankenhaus und Zuweisern, sowie den erheblichen betriebswirtschaftlichen Interessen.

Gesellschaftlich tolerierbar und individuell moralisch zu rechtfertigen sind Operationen, die zu dem jeweiligen Zeitpunkt nicht notwendig sind, jedoch nur, wenn glaubhaft gemacht werden kann, dass dem Patienten nicht geschadet wird. Diesem Irrglauben mögen viele gerade im Bereich des Gelenkersatzes auch wohlwollend unterliegen. Dem ist jedoch entgegenzuhalten, dass jede unnötige Operation den Patienten immer den allgemeinen Operationsrisiken unterwirft und egal wie klein diese im individuellen Fall objektiv sind, wird der eine oder andere Patient konkrete Nebenwirkungen oder Komplikationen erleben, die ihm dann sehr wohl Schaden zufügen. Und selbst wenn dies nicht einträfe, so spielt der Zeitpunkt des Eingriffes eben doch eine Rolle, weil durch einen früheren Eingriff, die Anzahl der notwendigen weiteren Eingriffe (am Ende der Standzeit eines Gelenkersatzes) zum Ersatz der abgenutzten Implantate steigt. Das heißt, durch eine spätere Indikationsstellung entfallen unnötige Eingriffe, weil diese schlicht nicht mehr erlebt werden. Parallel läuft der medizinische Fortschritt weiter und ermöglicht so zu einem späteren Zeitpunkt eventuell eine bessere Versorgung. Diese bleibt dem zu früh Operierten versagt. Es wird dem Patientenkollektiv somit durch zu frühe Eingriffe sehr wohl ein per se vermeidbarer Schaden zugefügt.

3.3 Alternativen zum Modell

Es gibt jedoch Beispiele für eine Alternativberatung oder einen sinnvollen Entscheidungsfindungsprozess im Kollektiv.

Schon früh wurde zum Beispiel die Durchführung eines Schwangerschaftsabbruches an eine Beratung durch eine Beratungsstelle gebunden. Hier werden den Schwangeren Wege und Hilfen aufgezeigt, die nach einer Geburt zur Verfügung stehen. In diesem Fall stehen aber weniger medizinische als vielmehr sozioökonomische Faktoren im Vordergrund. Dies eröffnet den Schwangeren eine andere Perspektive auf die weitere Lebensplanung und mag die eine oder andere Entscheidung beeinflusst haben.

Ein wahrscheinlich in diesem Zusammenhang treffenderes Beispiel bilden die in vielen Kliniken mittlerweile etablierten Tumorboards. Hier berät ein interdisziplinäres Team anhand der vorliegenden medizinischen Parameter den aus der Sicht aller heraus optimalen weiteren Behandlungsverlauf. Eine solche Entscheidungsfindung, bei der die kommerziellen Aspekte aufgrund der lebensbedrohlichen Natur der Erkrankung weit in den Hintergrund rücken, wäre für das ärztliche Zweitmeinungsverfahren wünschenswert. In einem solchem Team wären dann eben, bezogen z. B. auf den endoprothetischen Ersatz des Hüftgelenkes, sowohl Orthopäden, als auch Mediziner aus dem rehabilitativen bzw. physikalisch-therapeutischen Formenkreis tätig. Ein solches Team ließe sich dann noch sinnvoll mit Pflegekräften, Ergotherapeuten, Schmerzmedizinern und Geriatern ergänzen. Hier würde dann in interdisziplinären (Tele-)Konferenzen, für den entsprechenden Patienten der Behandlungsplan optimiert. Was durchaus ein operatives Vorgehen nicht ausschließt, gleichwohl aber alle Möglichkeiten einer optimierten konservativen Therapie integriere.

Dieser Ansatz ginge auch weit über die schon heute bestehenden Möglichkeiten der freien Arztwahl oder auch über die Zweitmeinungsportale der Krankenkassen im Internet hinaus. Bei diesen Zweitmeinungsportalen, die von Krankenkassen in zunehmendem Maße beworben werden, besteht jedoch zumindest ein gewisser Zweifel an der neutralen Ausgestaltung dieses Services. Denn aus Sicht einer Krankenkasse ist die Operationsvermeidung die kommerziell attraktivste Variante. Vor dem Hintergrund einer politisch gewollten Unterfinanzierung des GKV-Systems ergibt ein solches Vorgehen zur Hebung von Effizienzreserven zumindest Sinn. Den Bedarf an neutraler Information belegt eine in 2014 an 1000 Versicherten der DAK-Gesundheit durchgeführte Befragung. Hier wurde die Informationsbereitstellung als wichtigster Punkt im Rahmen eines Zweitmeinungsverfahrens angeführt. Dicht gefolgt wurde diese durch das Bedürfnis, den Befund mit einem vorher nicht involvierten Experten zu besprechen. Im Nebenschluss betonten gerade die älteren Versicherten, dass es aus ihrer Perspektive kein Problem sei, schon unter den gegebenen Bedingungen eine Zweitmeinung zu einem Sachverhalt zu bekommen.

Fazit

Als Resümee ergibt sich aus den dargelegten Sachverhalten, dass ein Zweitmeinungsverfahren dem Grunde nach in der stationären Versorgung schon lange existent ist. Auch im ambulanten Bereich ist durch die freie Arztwahl des Versicherten die Einholung einer Zweitmeinung für die Versicherten kein Problem.

Eine Möglichkeit, die Indikationsqualität in den operativen Bereichen zu schärfen, die unter Verdacht der unbotmäßigen Mengenausweitung stehen, wären interdisziplinäre Begutachtungsgruppen, die neutral, ohne eigenes Interesse am Ausgang der Beratung, nahezu objektiv eine Empfehlung aussprechen könnten. Solche Gruppen ähnelten darin sehr stark den inzwischen vielerorts etablierten Tumorboards. Neben der Bereitstellung und Vermittlung von möglichst neutraler Information wird dies die Zielrichtung sein, die die DAK-Gesundheit in der Ausgestaltung des ärztlichen Zweitmeinungsverfahrens weiter verfolgt.

Autorenporträts

Dr. med. Jan Helfrich leitet seit 2015 die Abteilung „ambulante Leistungen und Vertragsmanagement“ der DAK-Gesundheit, nachdem er zuvor als Referent des Vorstandsvorsitzenden, Leiter der Arbeitsgruppe „Gesundheitsökonomie und Analytik“ sowie als Krankenhausreferent aktiv war. Bis 2003 führte er den Bereich „Patientenmanagement und Medizin Controlling“ im Marienkrankenhaus in Hamburg. Davor arbeitete er in der medizinischen Klinik, Marketing-Forschung und Krankenhaus IT-Beratung.

Das Zweitmeinungsverfahren – Eine Maßnahme, die das Gesundheitssystem bereichert?

4

Pia Braun und Volker Nürnberg

Zusammenfassung

Das vorliegende Kapitel gibt einen einleitenden Überblick über das Zweitmeinungsverfahren im deutschen Gesundheitssystem. Dadurch soll der Leser an verschiedene, mit dem Zweitmeinungsverfahren verbundene Themen, herangeführt werden. Es wird erläutert, welche Rechte ein Patient hat und welche Ziele durch das Zweitmeinungsverfahren aus Sicht der Krankenkasse und aus Sicht des Patienten verfolgt werden. Zudem wird der Leser darüber aufgeklärt, wer die Kosten eines Zweitmeinungsverfahrens übernimmt und ob dieses auch einen wirtschaftlichen Erlös nach sich zieht. Schlussendlich befasst sich das Kapitel mit der Frage, inwiefern das Einholen einer Zweitmeinung einen Einfluss auf das Arzt-Patienten-Verhältnis haben könnte und welche Wege zukünftig eingeleitet werden müssen, um die potenziell negativen Folgen eines Zweitmeinungsverfahrens zu minimieren.

P. Braun (✉)
Frankfurt, Deutschland
E-Mail: pia-braun@freenet.de

V. Nürnberg
Karlsbad, Deutschland
E-Mail: volker.nuernberg@fham.de

V. Nürnberg (Hrsg.), *Die ärztliche Zweitmeinung*,
DOI 10.1007/978-3-658-11567-8_4

4.1 Das Patientenrechtegesetz

Wenn es um die Gesundheit geht, wollen Menschen meist jegliche Risiken vermeiden. Gerade deshalb sind es oft die schlechten Nachrichten nach einem Arztbesuch, die einen Menschen schnell aus der Bahn werfen. Die Unsicherheit nach einer potenziell lebensverändernden Diagnose, die sich meist direkt im Anschluss breit macht, wirft bei vielen Menschen Fragen auf: Was soll ich nun tun? Welchem Arzt kann ich vertrauen? Ist die vorgeschlagene Therapie die richtige für mich? Um diese Entscheidung mit gutem Gewissen treffen zu können, muss ein Patient möglichst eine große Menge an Informationen sammeln, um zukünftige Schritte festzulegen. In dem Sinne ist für einen Patienten von enormem Vorteil, wenn er seine Rechte und Möglichkeiten kennt und weiß, wo er Unterstützung bei der Informationssuche und Entscheidungsfindung bekommen kann. Denn nur wenn man umfassend informiert ist, kann man sich im Gesundheitswesen orientieren und nachvollziehen, welche Leistungen ein Arzt erbringen muss. Um den Patienten in einer solch schwierigen Phase entgegen zu kommen, ist im Februar 2013 das Patientenrechtegesetz in Kraft getreten. Es handelt sich hierbei um einen Behandlungsvertrag zwischen Behandelndem (Ärzte, Therapeuten, Pflegekräften) und Patienten, dessen Vorgaben laut § 630 Abs. a BGB eingehalten werden müssen. Zu den Vorgaben gehört, dass die Behandlung den jeweils aktuellen allgemein anerkannten fachlichen Standards entsprechen muss, aber auch dass der Behandelnde die versprochene Dienstleistung erbringen muss (Vorschriften des Dienstverhältnisses § 630 Abs. b BGB) und der Patient die Vergütung zu zahlen hat, sofern dies kein Dritter wie beispielsweise die Krankenkasse übernimmt. Das Patientenrechtegesetz legt dabei fest, welchen Informationspflichten sowohl der Arzt als auch der Patient nachkommen muss (§ 630 Abs. c BGB). Von hoher Bedeutung sind hier gerade gute und vollständige Informationen durch den Arzt, die dem Patienten dabei helfen sollen, die notwendigen Entscheidungen zur medizinischen Behandlung selbstbestimmt und in Ruhe zu treffen. Damit der Patient ausreichend Zeit bei dieser Entscheidungsfindung hat, muss die Aufklärung vonseiten des Arztes rechtzeitig erfolgen (§ 630 Abs. e BGB).

Zur Behandlung gehört auch eine gute Dokumentation der medizinischen Maßnahmen, welche der Patient jederzeit einsehen und wovon er auch auf eigene Kosten Abschriften verlangen darf (§ 630 Abs. g BGB). Die Dokumentation muss die wichtigsten diagnostischen und therapeutischen Maßnahmen und Verlaufsdaten, sowie alle vollzogenen Berichtigungen und Änderungen mit Zeitangaben enthalten, wobei der ursprüngliche Inhalt erkennbar bleiben muss (§ 630 Abs. f BGB). Unabdingliche Informationen, die eine Patientenakte enthalten muss, sind beispielsweise Diagnose, Untersuchungen und deren Ergebnisse, Therapien,

Befunde, etc. Falls es zu medizinischen Fehlern und Schäden aufgrund von ärztlicher Sorgfaltspflichtverletzungen kommen sollte, kann ein Patient Schmerzensgeld und Ersatz von materiellen Schäden fordern (§ 630 Abs. h BGB). Hierbei muss der Patient allerdings beweisen, dass es sich um ein voll beherrschbares Behandlungsrisiko handelt, bei dem es nicht zu Komplikationen kommen dürfte. Auf der anderen Seite muss der Arzt zu seiner Verteidigung darlegen können, dass er den Patienten ordnungsgemäß aufgeklärt und seine Einwilligung eingeholt hat. Um zukünftig solche Behandlungsfehler und falsche Diagnosen, Therapien oder Operationen zu vermeiden, gibt es das sogenannte Zweitmeinungsverfahren. Die allgemeinen Ziele, die durch das Zweitmeinungsverfahren verfolgt werden, werden in den folgenden Abschnitten erläutert.

4.2 Ziele des Zweitmeinungsverfahrens

Ein strukturiertes Zweitmeinungsverfahren kann zwei unterschiedliche Ziele haben: Zum einen die Vermeidung medizinisch nicht notwendiger, mengenanfälliger Dienste, zum anderen das Einholen einer zweiten fachlichen Einschätzung eines Spezialisten bei lebensverändernden, medizinischen Entscheidungen (Hess et al. 2015). Auf beide Ziele wird in den folgenden zwei Abschnitten eingegangen.

4.2.1 Vermeidung medizinisch nicht notwendiger Dienste durch das Zweitmeinungsverfahren

Die Vermeidung medizinisch nicht notwendiger, mengenanfälliger Dienste betrifft die Tatsache, dass die Zahl der Operationen in Deutschland drastisch ansteigt, wobei nicht jede dieser Operationen medizinisch unbedingt notwendig sei (cib/dpa/AFP 2012). Dieses Ergebnis lieferte unter anderem der Krankenhausreport von 2013 der AOK, welche Daten von mehr als 45 Mio. Patienten aus den Jahren 2005 bis 2011 auswertete. Einbezogen in diese Auswertung wurden etwa 1600 Krankenhäuser, in denen AOK-Versicherte versorgt werden (insgesamt gibt es rund 2000 Krankenhäuser in Deutschland). In dem Krankenhausreport wird offensichtlich, dass vor allem ökonomisch lukrative Eingriffe, wie beispielsweise Wirbelsäulen-Operationen, immer häufiger durchgeführt werden. Die Zahl der stationären Behandlungen stieg seit 2005 um insgesamt 11,8 % pro Einwohner, wobei gerade die Eingriffe zunehmen, die entsprechend gut vergütet werden und wirtschaftlichen Erlös versprechen (destatis 2014). Auch die Krankenhausaufenthalte sind zwischen 1991 und 2011 um fast ein Viertel angestiegen, wie aus einer parlamentarischen Anfrage der Linksfraktion an das Bundesministerium hervorgeht (Bimmer 2013). Somit gab es im Jahr 2011 in deutschen Krankenhäusern sogar drei Millionen Operationen mehr als noch 2005. Dieser Bericht zeigt zudem, dass sich die Zahl der Wirbelsäulen-Operationen im selben Zeitraum sogar verdoppelt hat. Statistisch gesehen wird darüber hinaus fast jeder Vierte in Deutschland operiert (cib/dpa/AFP 2012), Hüft- und Knieoperationen kommen dabei wohl am häufigsten vor (Bimmer 2013). In Europa gab es beispielsweise im Jahr 2010 nirgendwo sonst so viele medizinische Eingriffe bei Hüftproblemen wie in Deutschland. Zudem geht aus dem Bericht des Bundesministeriums hervor, dass in Deutschland auch bei Knie-Operationen mit 213 Eingriffen pro 100.000 Einwohner im europäischen Vergleich weit vorne liegt. Problematisch ist hier aber auch die Tatsache, dass Mengenausweitungen zusätzlich durch „patientenseitige Nachfrage nach medizinisch nicht notwendigen Leistungen verursacht werden können" (Hess et al. 2015). Tatsächlich ist es teilweise sogar so, dass manche ihren Arzt als unfähig ansehen, wenn er von einem medizinischen Eingriff abrät, denn häufig werden nur Vorteile einer Behandlung gesehen und die Risiken ausgeblendet (Deutsche Presse Agentur 2013). Eine zweite fachliche Meinung, die die erste bestätigt und somit von einem medizinischen Eingriff abrät, kann hier den Patienten wahrscheinlich eher überzeugen und mengenanfällige Leistungen reduzieren.

Die patientenseitige Nachfrage erklärt jedoch nur einen sehr geringen Prozentsatz der vielen Operationen. Obwohl in Deutschland oft operiert wird und dies mehrfach nachgewiesen wurde, kann sich aus den Statistiken nicht vereinfacht belegen lassen, dass tatsächlich zu viele, vor allem unnötige Operationen vorgenommen werden. Als zwei vertretbare Gründe für den Anstieg an Operationen werden zum einen der demografische Wandel und der Fortschritt der Medizin gesehen (cib/dpa/AFP 2012). Ärztepräsident Frank-Ulrich Montgomery verficht hier die Meinung, dass die hohe Zahl der Operationen in Deutschland ein Qualitätsmerkmal darstellt. Beispielsweise müssen in Schweden Hüftarthrose-Patienten sechs Monate bis ein Jahr auf eine Operation warten, obwohl sie unter sehr starken Schmerzen leiden, hier in Deutschland geht dies bedeutend schneller. Den Anstieg der Rücken-Operationen erklärt Montgomery damit, dass diese vor rund zehn Jahren noch kaum durchgeführt wurden, weil damals der medizinische Fortschritt und die Expertise noch nicht gegeben waren. Jedoch decken der Fortschritt der Medizin und der demografische Wandel zusammen nur ein Drittel der Zunahme der Operationen ab, zwei Drittel sind immer noch medizinisch nicht erklärbar (cib/dpa/AFP 2012).

Der Hauptgrund für den Anstieg an Operationen ist nun laut der Linken Partei eher das eingeführte Fallpauschalsystem, bei dem medizinische Leistungen pro Behandlung statt nach dem Behandlungszeitraum vergütet werden (destatis 2014). Gerade für Krankenhäuser ist es deshalb mehr als interessant, so viele Operationen wie möglich im Jahr durchzuführen, da diese chronisch unterfinanziert sind (destatis 2014). Folglich werden Operationen eventuell zum Teil nur mit dem Ziel verfolgt, dass Krankenhäuser einen möglichst hohen Erlös erzielen, nicht aber weil dies unbedingt notwendig oder für den Patienten die beste Behandlung wäre. Gerade in den Ballungsräumen besteht häufig eine dermaßen große Konkurrenz zwischen den einzelnen Kliniken, dass diese laut Karl-Walter Jauch, dem Präsidenten der Deutschen Gesellschaft für Chirurgie, nicht nur um des Patienten willen operieren, sondern weil sie aus finanziellen Gründen darauf angewiesen sind. Volkswirtschaftlich betrachtet spricht man hier von angebotsinduzierter Nachfrage, was heißen soll, dass in gewissen Regionen Deutschlands eine Überversorgung an Krankenhäusern besteht. Im komplexen Gefecht von Einweisern und stationären Leistungserbringern gilt somit der ökonomische Satz: „A built bed is a filled bed" (www.spiegel.de 2009). Unter dieser Aussage versteht man, dass sich jedes Angebot eine Nachfrage sucht. Demnach muss auch ein Krankenhausbett, das da ist und leer steht, mit einem Patienten gefüllt werden, unabhängig davon ob er nun zwingend stationär eingewiesen werden müsste oder eben nicht. Da die unnötigen Ausgaben dringend gestoppt werden sollten, drängen die Krankenkassen schon länger darauf, dass sie mit den verschiedenen Krankenhäusern Einzelverträge abschließen dürfen, um einen besseren Überblick zu bekommen und auch leichter nachvollziehen zu können, wo welche Behandlungen und wie viele von diesen durchgeführt werden. Experten gehen sogar davon aus, dass es von Vorteil wäre, die Anzahl der Kliniken vor allem in den Ballungsregionen zu reduzieren, damit die Qualität der Versorgung steigt, auch wenn die Bewohner dadurch einen längeren Anreiseweg hinnehmen müssten. Dies könnte dazu führen, dass sich einzelne Krankenhäuser eher auf verschiedene Operationen oder Behandlungen spezialisieren könnten und somit deren Fachwissen noch mal ansteigt (www.spiegel.de 2009).

Zusätzlich wäre es von Nutzen, die Fallpauschale zu überdenken und Boni für Operationen in den Verträgen von Klinik-Ärzten einzudämmen. Hess und seine Mitarbeiter vom Bundesverband Managed Care betonen, dass „sofern es tatsächlich zu nicht indizierten Leistungen kommt, [...] Lösungsansätze bei den Ursachen ansetzen (müssen), insbesondere (bei) den Fehlanreizen durch die unzureichende Investitionskostenfinanzierung und der Fortschreibung von Überkapazitäten in der Krankenhauslandschaft" (Hess et al. 2015). Auch der stellvertretende Fraktionsvorsitzende Klaus Ernst der Linken Partei betont, dass die Fallpauschale fallen muss und wir „zum Prinzip Leistung nach Bedarf“ zurückkehren müssen (www.stern.de 2013). Allein die Fakten aus dem Bericht des Statistischen Bundesamtes aus dem Jahr 2013 zeigen, dass dies mit im Durchschnitt je 3,5 operativen und nicht-operativen therapeutischen Maßnahmen pro stationär behandelten Patienten momentan noch nicht der Fall ist. Die Einführung eines Zweitmeinungsverfahren könnte hier als Lösungsansatz dienen, um die Durchführung mengenanfälliger Leistungen zu reduzieren und nicht notwendige Operation und/oder Therapien zu umgehen, da die zweite, unabhängige Meinung eines weiteren Spezialisten Erkenntnis darüber gibt, ob ein solcher Eingriff überhaupt notwendig ist. Wie bereits oben erwähnt, ist es trotzdem unzureichend, die Mengenausweitung bestimmter ärztlicher Leistungen allein über ein strukturiertes Zweitmeinungsverfahren anzugehen. Es müssen zusätzliche Maßnahmen wie beispielsweise das Abschaffen der Fallpauschale mit eingebunden werden, um das Problem zu beseitigen. Schlussfolgernd ist ein Zweitmeinungssystem wahrscheinlich nicht ausreichend oder zumindest nur als kurzfristige Lösung zu sehen, denn dieses zielt nicht auf die eigentlichen Ursachen der Mengenausweitung, sondern stattdessen auf deren Symptome ab.

4.2.2 Einholung einer Zweitmeinung bei lebensverändernden, medizinischen Entscheidungen

Das zweite Ziel, das durch ein strukturiertes Zweitmeinungsverfahren verfolgt wird, betrifft das Einholen einer zweiten fachlichen Einschätzung eines Spezialisten bei lebensverändernden, medizinischen Entscheidungen aus der Sicht des Patienten. Hier geht es um die Unsicherheit einer Person, die eine medizinische Entscheidung treffen muss, die große gesundheitliche Auswirkungen und somit einen lebensverändernden Einfluss haben kann. Wenn sich Patienten zwischen zwei oder mehreren Therapien entscheiden müssen oder ihnen große Operationen bevorstehen, kann es oftmals dazu kommen, dass sie gerne eine zweite, neutrale Meinung durch einen weiteren Spezialisten einholen wollen, um somit an noch mehr Informationen zu gelangen und Zweifel zu minimieren (www.aok.de). Beim Einholen einer fachlichen Zweitmeinung kann der Patient bei einschneidenden Diagnosen die bestmögliche Behandlung sicherstellen, aber auch zum Teil enorm hohe Kosten einsparen, wenn dadurch der zahlende Eigenanteil reduziert wird, wie beispielsweise durch die Vermeidung einer Operation.

Zweitmeinungsverfahren als Qualitätssicherung
Zusätzlich dient eine Zweitmeinung durch einen unabhängigen Experten der Qualifizierung einer Diagnose und kann somit aus ärztlicher Sicht ein wichtiges Element der Qualitätssicherung darstellen, was wiederum auch für den Patienten von enormem Vorteil ist. Um Qualität für den Patienten auch weiterhin sicherstellen zu können, sollte es zusätzlich zum Zweitmeinungsverfahren einen flächendeckenden Einsatz weiterer Instrumente geben, die die Versorgungsqualität verbessern sowie Fehlversorgung vermeiden könnten. Hess und seine Mitarbeiter schlagen hier vor, dass man die stationäre Indikationsqualität anhand einheitlicher und geeigneter Indikatoren flächendeckend auswertet und im Anschluss veröffentlicht (Hess et al. 2015). Unterstützend könnten IT-basierte Systeme bei der medizinischen Entscheidungsfindung eingesetzt werden und somit eine wertvolle Hilfe für den klinischen Alltag darstellen. Das Einsetzen von Zweitmeinungsverfahren könnte somit nicht nur bei der qualitativ hochwertigen Urteilsfindung helfen, sondern im besten Fall auch den interkollegialen Austausch fördern und gegenseitige Unterstützung bieten (Osterloh 2014). Auf diese Weise ist es einfacher, Fehldiagnosen oder Über- bzw. Unterversorgung bei Operationen oder Therapien zu verringern, wenn nicht sogar komplett zu vermeiden.

Zusätzlich sollten laut Hess und seinen Mitarbeitern (Hess et al. 2015) zur Verbesserung der Versorgungsqualität immer patientenzentrierte Informationen vorliegen. Patienten müssen sich bei medizinischen Entscheidungen ebenfalls beteiligen und sich vorab informieren. Es ist wichtig, dass der Patient zum einen seine Rechte kennt (Abschn. 4.1), und sich zum anderen schon vor dem Arztbesuch Gedanken zu potenziellen Ursachen macht. Als Informationsquelle kann das Internet dienen, wo das Angebot im Bereich der medizinischen Selbsterkennung stark angestiegen ist (Kap. 6, Ärztliche Zweitmeinung durch Internetportale). Somit sind Gesundheitsportale heute für viele Internetnutzer die erste Anlaufstelle, wenn sie gesundheitliche Beschwerden oder medizinische Fragen haben. Die einfache Nutzung des Internets führt dazu, dass Menschen nicht mehr sofort bei jeder Kleinigkeit einen Arzt aufsuchen, sondern eher online nach möglichen Ursachen recherchieren und eventuell sogar mit nicht verschreibungspflichtigen Medikamenten versuchen, sich selbst zu heilen. Diese Denkweise könnte auch beim potenziellen Einholen einer zweiten Meinung eines weiteren spezialisierten Facharztes zu Problemen führen. Hier stellt sich die Frage, wer die Kosten in einem solchen Fall übernehmen müsste, die Krankenkasse oder der Patient selbst. Der folgende Abschnitt soll eine Antwort auf diese Frage geben.

4.3 Wer trägt die Kosten eines Zweitmeinungsverfahrens?

Für welche planbaren Eingriffe im Einzelnen der Anspruch auf Einholung einer Zweitmeinung zugunsten der Versicherten besteht, dessen Kosten die Krankenkasse übernehmen muss, legt der Gemeinsame Bundesausschuss in seinen Richtlinien nach § 92 Abs. 1 S. 2 Nr. 13 SGB V fest. Einige Krankenkassen haben bereits im Jahre 2013 damit begonnen, Zweitmeinungsverfahren als Satzungsleistungen auf der Grundlage von Verträgen zur integrierten Versorgung (IV) in ihr Angebot aufzunehmen, wie beispielsweise Deutschlands zweitgrößte Kasse, die Barmer GEK. Diese kooperiert mit der FPZ AG Köln („Deutschland den Rücken stärken"), um Versicherten, denen eine Operation an der Wirbelsäule bevorsteht, eine Zweitmeinung anzubieten (Osterloh 2014). Nach dem deutschen Recht ist es im Allgemeinen so, dass dem Patienten beim Einholen einer Zweitmeinung selbst überlassen ist, ob er sich eine ärztliche Zweitmeinung bei einem niedergelassenen Arzt oder einer Klinik einholt. Welche der zwei Optionen mehr Vorteile bietet, zeigen die Ergebnisse der von den Asklepios Kliniken Hamburg durchgeführten Studie „Ärzte-Trendbefragung Zweitmeinungsverfahren", für die über 100 Ärzte befragt wurden. Es stellte sich heraus, dass 70 % der Ärzte der Meinung sind, dass sich Patienten bessere Resultate versprechen können, wenn diese sich für das Einholen einer Zweitmeinung an eine Klinik werden. Dies wird damit begründet, dass die Ärzte in Krankenhäusern zum einen auf ihr internes Expertennetzwerk zurückgreifen können (56 %) und zum anderen normalerweise schon oftmals ähnliche Operationen, Therapien oder Behandlungen durchgeführt haben (48 %) (www.tk.de).

Eine weitere Möglichkeit, eine ärztliche Zweitmeinung einzuholen, zeigt beispielsweise das Angebot der Technischen Krankenkasse (TK). Die TK bietet ihren Kunden die Möglichkeit, sich bei schwerwiegenden Krankheiten, langfristigen Behandlungen oder auch bei planbaren operativen Eingriffen an das TK-Zweitmeinungs-Telefon zu wenden (www.healthcare-in-europe.com 2015). Ein Vorteil einer solchen telemedizinischen Zweitmeinung ist beispielsweise, dass eine absolute Unabhängigkeit gewährleistet werden kann, da eine Weiterbehandlung des zweitbegutachtenden Arztes ausgeschlossen ist. Zusätzlich haben die Patienten Zugang zu verschiedensten Experten, unabhängig von der geografischen Entfernung. Dies stellt einen großen Schritt in Richtung flächendeckender Gesundheitsversorgung dar. Doch obwohl es in der Tat einige Krankheitsbilder gibt, bei denen man mithilfe der sogenannten Telemedizin ein Zweitmeinungsverführen abkürzen kann und so zusätzlichen Aufwand für den Patienten umgeht, gibt es auch Nachteile. Bei den meisten Erkrankungen ist es immer noch so, dass die Untersuchung persönlichen Kontakt zwischen Arzt und Patient voraussetzt, um die vorliegenden Beschwerden genau zu analysieren und zu lokalisieren. Dieser persönliche Arzt-Patienten-Kontakt wird als besonders wichtig angesehen, damit die Patienten nicht unnützes Wissen auf Online-Beratungsportalen einholen oder sich durch solche verunsichern lassen. Auch heute noch wird Medizinstudenten gelehrt, dass die gründliche körperliche und persönliche Untersuchung ein zentraler Schritt bei der Diagnosestellung ist (Zeh 2015). Ein solches persönliches und kostenloses Zweitmeinungsgespräch bei einem spezialisierten Facharzt offeriert die Deutsche BKK ihren Versicherten bereits seit 2011 bei kardiologischen und orthopädischen Indikationen. Hier wurden sogar Nachforschungen bezüglich der Übereinstimmung zwischen der Erst- und Zweitmeinung unternommen, welche zeigten, dass die zwei Meinungen in nur 25 bis 30 % aller Fälle übereinstimmten (Osterloh 2014). Letztendlich liegt es zwar in der Hand des Patienten, welcher Meinung er mehr vertraut und für welchen Behandlungsweg er sich entscheidet, dennoch kann man festhalten, dass einem Patienten durch das Zweitmeinungsverfahren zumindest die Möglichkeit gegeben wird, sich anderweitig zu informieren.

Zusätzlich gibt es für Ratsuchende die Möglichkeit, sich an die unabhängige Patientenberatung Deutschland (UPD) zu wenden, deren Rolle im Gesundheitswesen im SGB V festgeschrieben ist. Sie soll die Patienten aus einer neutralen Sicht bei Fragestellungen beraten, die Ärzte betreffen, Krankenkassen, Arzneimittel und Patientenverfügung. Die Mitarbeiter der UPD informieren Patienten zusätzlich über ihre Rechte und Selbstzahlerleistungen. Dieses „Angebot ist kostenlos und soll unabhängig sein von den Interessengruppen im Gesundheitssystem“ (DPA 2013). Alle Beraterinnen und Berater der UPD sind ausgebildete Fachkräfte wie zum Beispiel Mediziner, Gesundheitswissenschaftler, Juristen und Sozialpädagogen, die sich sehr gut mit Angeboten der örtlichen Gesundheitsversorgung auskennen und den Ratsuchenden Unterstützung anbieten, wenn sie dies wünschen.

Das Gesetz sieht vor, dass die UPD aus Mitteln der Krankenkassen über den GKV Spitzenverband über eine Umlage der Beiträge der Kassenmitglieder finanziert werden soll. Eine zusätzliche 10-prozentige Fördermittelbeteiligung übernehmen die privaten Krankenkassen über den PKV Verband. Bis Ende 2015 wurde die UPD im Wesentlichen von den Verbraucherzentralen getragen, die auch in anderen Branchen eine Beratung der Bürger sicherstellen sollen. Obwohl es öffentlich wenige Beschwerden über die Beratungsqualität der Verbraucherzentralen gab, entschloss sich der Patientenbeauftragte Laumann, diese Dienstleistung europaweit unter Mitwirkung der Patientenbeauftragten der

Bundesregierung und einem Beirat aus betroffenen Ministerien, Patientenorganisationen, Wissenschaftlern und privaten Krankenversicherungen auszuschreiben (eine Beteiligung privater Krankenversicherer ist hier allerdings nur gegen Beteiligung an den Fördermitteln des UPD möglich, welche eine Änderungen des § 65b SGB V durch das AMNOG impliziert). Den Zuschlag erhielt ein etabliertes, medizinisches Callcenter, die Sanvartis in Duisburg, das nun die Beratung von Kassen- und Privatpatienten übernimmt. Sie überzeugten die Entscheider im Rahmen der Ausschreibung besonders mit innovativen Ansätzen, die die Nutzungsquote dieses Zweitmeinungsportals in Zukunft dramatisch erhöhen sollen. So ist die Annahme, dass durch mehr Erreichbarkeit und Bürgernähe die Nutzungsquoten perspektivisch verdreifacht werden. Neben den durch die Verbraucherzentralen etablierten örtlichen Beratungsstellen überzeugt die Sanvartis mit der zielgruppenorientierten Ansprache von Versicherten auch über neue Medien: Apps, Internet- bzw. Onlineberatung gehören genauso zu ihrem Gesamtkonzept, wie sogar eine häusliche Beratung. Von den Mitbewerbern gestreute Bedenken, dass die Sanvartis ja auch für Leistungserbringer (z. B. Pharmaindustrie) arbeite, zu welchen sie nun unabhängig beraten solle, konnten nicht verifiziert werden. Die Sanvartis schafft eine unabhängige Firma mit Hauptsitz in Berlin, die Grundsatz der Beratung ist die Evidenzbasierung, die sich in den Leitlinien der gesamten ISO Zertifizierten Firma niederschlägt und ein eigener vom wissenschaftlichen Beirat ausgewählter Auditor überwacht das Geschehen unabhängig. Insbesondere bei einer Zweitmeinung zu potenziellen Behandlungsfehlern, sowie bei der Suche nach einer adäquaten Zweitmeinung vor potenziell lebensverändernden Operationen, wird der neuen UPD ab 2016 im deutschen Gesundheitswesen eine zentrale Rolle zukommen.

Schlussendlich stellt sich die Frage, ob sich auch für die Krankenkassen die Einführung eines festgelegten Zweitmeinungsverfahrens, sei es durch die UPD oder andere Beratungsangebote, ein wirtschaftlicher Erlös abzeichnet. Auf diese Frage wird im folgenden Abschnitt ausgiebig eingegangen.

4.4 Hat das Zweitmeinungsverfahren einen wirtschaftlichen Erlös?

Ob das Zweitmeinungsverfahren auch einen wirtschaftlichen Erlös nach sich zieht, ist kritisch zu betrachten, denn obwohl Fehldiagnosen minimiert und dadurch Kosten durch nicht durchgeführte Therapien oder Operationen eingespart werden können, müssen die Kosten für das Einholen einer Zweitmeinung von den Krankenkassen übernommen werden. Im Allgemeinen kann man sagen, dass schon jetzt eine medizinische Zweitmeinung von den Krankenkassen finanziert wird, denn letztendlich muss ein Patient nur einen zweiten spezialisierten Arzt ausfindig machen, um eine zweite Expertenmeinung einzuholen oder sich an die UPD wenden. Fraglich ist jedoch, ob in diesem Fall auch alle Dokumente und Akten des Erstbehandlers vorliegen und ob die Diagnose, gerade bei dem Besuch eines anderen Arztes oder einer Klinik, unabhängig gestellt wird. In diesem Sinne vermutet C. Schüürmann, der Vorsitzende des Berufsverbandes Niedergelassener Chirurgen (BNC), dass das Zweitmeinungsverfahren die Ausgaben im Gesundheitssystem nicht reduziert, stattdessen aber die zuvor diskutierten Dokumentationspflichten (§ 630 Abs. g BGB) ansteigen lassen werde (Osterloh 2014). Schüürmann betont damit zusammenhängend, dass nun zusätzlich zu der allgemeinen Dokumentation auch die Aufklärung über das Recht auf eine Zweitmeinung dokumentiert und vom Patienten gegengezeichnet werden muss, was Zeit und Geld kostet.

Aber nicht nur der zusätzliche Dokumentationsaufwand ist ein Nachteil bei der Einholung einer Zweitmeinung, sondern auch das gefährdete Arzt-Patienten-Verhältnis, welches vor allem auf Vertrauen basiert. Im folgenden Abschnitt wird daher der Einfluss des Zweitmeinungsverfahrens auf das Arzt-Patienten-Verhältnis erläutert.

4.5 Einfluss des Zweitmeinungsverfahrens auf das Arzt-Patienten-Verhältnis

Ein viel diskutierter Punkt in Bezug auf das Zweitmeinungsverfahren ist die Gefährdung des Arzt-Patienten-Verhältnisses. Eine der wichtigsten Grundlagen für eine gute Zusammenarbeit von Arzt und Patient ist das Vertrauensverhältnis, das nur dann zustande kommt, wenn der Patient sich beim Arzt wohl fühlt. Dazu gibt es auch die Regelung der ärztlichen Schweigepflicht, damit der Patient dem Arzt in jeder Situation und in allen Angelegenheiten vertrauen kann. Nicht umsonst gehört Vertrauen neben Freiwilligkeit und Verantwortung zu den drei zentralen Bausteinen, auf die die Arzt-Patient-Beziehung beruht. Dies bedeutet, dass der Patient in der Regel seinen Arzt freiwillig kontaktiert und aufsucht, ebenso kann der Arzt in der Regel frei entscheiden, ob er den Patienten behandeln will oder nicht. Letzteres könnte beispielsweise eintreten, wenn der Arzt zu der Überzeugung gekommen ist, dass das notwendige Vertrauensverhältnis zwischen ihm und den Patienten nicht mehr besteht. Wenn jedoch von beiden Seiten der Zusammenarbeit zugestimmt wurde, muss das Vertrauen zwischen dem Arzt und seinem Patienten ständig erneuert und bekräftigt werden. Schlussendlich ist es nämlich immer so, dass der Arzt und Patienten eine gemeinsame Verantwortung für den Prozess der Heilung und Genesung haben. Da die Einholung einer Zweitmeinung von anderen erfahrenen Ärzten aber tendenziell zu einem Vertrauensverlust führt oder als fehlende Loyalität gegenüber dem Erstbehandler angesehen wird, kann das Arzt-Patienten-Verhältnis gefährdet werden. Da Patienten dies wahrnehmen und das Vertrauen zu ihrem Arzt nicht aufs Spiel setzen wollen, konsultieren diese nur in den wenigsten Fällen eine zweite Fachkraft.

Um einen Vertrauensverlust zu verhindern, aber trotzdem das Einholen einer Zweitmeinung gewährleisten zu können, betonen Hess und seine Mitarbeiter dass ein strukturiertes Zweitmeinungsverfahren so gestaltet werden muss, dass die Beziehung zwischen Arzt und Patient nicht grundlos gefährdet wird (Hess et al. 2015). Als Beispiel kann das Programm zur ärztlichen Zweitmeinung der AOK Gesundheitskasse herangezogen werden, die ihren Kunden in folgenden Bereichen eine kostenlose ärztliche Zweitmeinung anbietet: Gynäkologie und Geburtshilfe (beides erst seit dem 01. Januar 2015), Orthopädie, Onkologie, Urologie, Kardiologie und Herzchirurgie. Den Kunden wird auf Wunsch die Möglichkeit gegeben, eine Zweitmeinung von ausgewiesenen Experten einzuholen, wobei die Vermittlung zu einem erfahrenen Arzt meist nur acht Tage in Anspruch nimmt. Dabei sind die Angebotsstruktur und die Unterstützungsleistung so konzipiert, dass mit dem Heranziehen einer Zweitmeinung kein Misstrauen gegenüber dem erstbehandelnden Arzt verbunden ist.

Grundsätzlich schlagen Hess und seine Mitarbeiter folgende Schritte zur Vermeidung von aufkommenden Misstrauen zwischen Arzt und Patient vor (Hess et al. 2015): Jeder Patient sollte über die Option aufgeklärt sein, eine zweite Meinung einholen zu können, auch unabhängig davon, ob die Dienstleistung mengenanfällig ist oder nicht und ohne dabei das Verhältnis zwischen Arzt und Patient zu bedrohen. Die derzeit vorhandene Möglichkeit für Patienten, einen weiteren Leistungserbringer zu konsultieren, sollte daher als niedrigschwelliger Zugang zur Zweitmeinung erhalten bleiben. Da Diagnosestellung und Therapieentscheidung bei medizinisch komplexen Fragen alles andere als trivial sind, sollte ein strukturiertes Zweitmeinungsverfahren zusätzlich so angelegt sein, dass es nicht als „Misstrauensverfahren" angesehen und der Erstbehandler in den Entscheidungsprozess mit einbezogen wird (Hess et al. 2015). Schlussendlich muss ein Zweitmeinungsverfahren als ein sinnvoller und notwendiger Baustein für eine qualitativ hochwertige, patientengerechte Versorgung angesehen und dem Patienten aktiv seitens des Erstbehandlers angeboten werden (Beratung zur Zweitmeinung).

Jedoch ist es so, dass selbst heutzutage behandelnde Ärzte nur sehr selten den Rat geben, eine weitere, unabhängige ärztliche Meinung einzuholen (Zeh 2015). Um Patienten die Angst zu nehmen, einen anderen Arzt zu konsultieren, müsste dies jedoch in Zukunft verändert werden. Weitere Verbesserungsvorschläge, um die Herangehensweise an das Zweitmeinungsverfahren zu verändern, werden im folgenden Abschnitt abschließend besprochen.

4.6 Fazit und Verbesserungsvorschläge in Bezug auf das Zweitmeinungsverfahren

Obwohl Patienten, die gesetzlich versichert sind, heutzutage in vielen medizinischen Fällen bereits das Anrecht haben, sich vor einem geplanten Eingriff eine Zweitmeinung einzuholen, wissen sie nichts von diesem Recht und werden von ihrem Arzt nicht hinreichend aufgeklärt. Ein Gesetz, das zu einem Zweitmeinungsverfahren verpflichtet, könnte an dieser Stelle zwar dafür sorgen, dass Patienten eine Zweitmeinung einholen müssen, jedoch ist dies nicht immer vom Patienten erwünscht und könnte sich ungünstig auf das vorhin erwähnte Vertrauensverhältnis zwischen Arzt und Patient auswirken. Dr. Thomas Wolfram, Sprecher der Geschäftsführung der Asklepios Klinik Hamburg, ist der Meinung, dass es in dem Sinne kein Zweitmeinungsgesetz geben darf, das den Patienten dazu verpflichtet, zwingend einen anderen Arzt zu konsultieren. Dies könnte zu mehr Misstrauen als Vertrauen führen. Gerade weil es sich bei einer Arzt-Patienten-Beziehung um ein Vertrauensverhältnis handelt, sollte dies demnach auch nicht durch gesetzliche Regelungen infrage gestellt werden. Das Gesetz könnte sogar den Anschein erwecken, dass ein Arzt seine Diagnose willkürlich trifft und sich nicht ausführlich mit dem Patienten verständigt hat, weil er ja eh darauf aufmerksam machen muss, dass der Patient sich noch an einen zweiten Arzt wenden kann. Stattdessen schlägt er anstelle eines Zweitmeinungsverfahrensgesetztes vor, dass an die Ärzte appelliert werden sollte, vor allem unsicheren Patienten aktiv das Einholen einer Zweitmeinung vorzuschlagen. Die Entscheidung, ob der Patient dieses Angebot annimmt, kann dann immer noch frei getroffen werden.

Zusätzlich sollten die Krankenkassen zukünftig alle Kosten für Patienten übernehmen, die eine Zweitmeinung wünschen. „Diese Zweitmeinung sollte im Konsens mit Ärzten, egal ob ambulant oder stationär praktizierend, erarbeitet werden“, wobei nicht die kostengünstigste Variante im Vordergrund stehen sollte, „sondern die beste Variante für den Patienten“ (Zeh 2015). Auch die Tatsache, dass das Zweitmeinungsverfahren momentan immer noch ausschließlich von den Krankenkassen geregelt wird, muss überdacht werden: Der gesetzlich vorgeschriebene Ablauf vom ersten Kontakt mit dem Arzt zur Krankenkasse, die eine zweite Befundung in die Wege leiten muss, bis hin zur Vorstellung beim zweiten Arzt, nimmt einfach zu viel Zeit in Anspruch. Bei diesem Verfahren ist meist nicht von vornherein klar, in welcher Zeit eine Zweitmeinung eingeholt werden kann und impliziert für den Patienten eine umständliche, zeitaufwendige Hürde, die im schlimmsten Fall den Leidensdruck nur noch weiterhin erhöht. Um diesen langatmigen Weg einzuschlagen, sind aber häufig nicht die Ressourcen oder der Wille vorhanden, gerade wenn der Patient bereits unter starken Schmerzen leidet und schnell gehandelt werden muss. Deshalb sollte zukünftig der Ablauf verkürzt und ein neuer Lösungsweg eingeleitet werden, der nicht mehr zwingend den Zwischenstopp über die Krankenkassen enthält. Wenn die Schritte schneller eingeleitet werden können und Alternativen in einer akzeptablen Zeit umsetzbar sind, stellt dies auch einen großen Mehrwert für die Patienten dar. Letzteres impliziert, dass die zweite Meinung von einem Facharzt in einer für den Patienten realisierbaren Zeit eingeholt werden muss.

Schlussendlich muss sichergestellt sein, dass in ein Zweitmeinungsverfahren für komplexe medizinische Entscheidungen vor allem spezialisierte Fachärzte mit einbezogen werden, die für die jeweilige Indikation die entsprechende Qualifikation und Spezialisierung besitzen (Hess et al. 2015). Hierbei legt der Bundesausschuss indikationsspezifische Anforderungen an die Abgabe der Zweitmeinung zum empfohlenen Eingriff und an die Erbringer einer Zweitmeinung fest, um dadurch eine besondere Expertise zur Zweitmeinungserbringung sicherzustellen. Kriterien, die für eine solche besondere Expertise gegeben sein müssen, sind laut § 27b SGB V zum einen eine langjährige fachspezifische Tätigkeit in einem Bereich, das für die Indikation zum Eingriff maßgeblich ist, und zum andere Kenntnisse über den aktuellen Stand der wissenschaftlichen Forschung zur jeweiligen Diagnostik und Therapie, einschließlich dem Wissen über Alternativwege zur empfohlenen medizinischen Vorgehensweise. In diesem Sinne sollten Vertreter der Ärzteschaft in der Entwicklung eines Zweitmeinungsverfahrens eingebunden sein, damit sie sich gemeinsam ein Konzept überlegen können, wie sie ihre Patienten am besten an eine zweite spezialisierte Fachkraft vermitteln können, die nicht nur hinreichend qualifiziert ist, sondern auch im näheren regionalen Umfeld zu erreichen ist.

Literatur

Healthcare in Europe. (2015). Zweitmeinung besser in einer Klinik einholen. http://www.healthcare-in-europe.com/de/artikel/15070-zweitmeinung-besser-in-einer-klinik-einholen.html. Zugegriffen: 22. Nov. 2015.

AOK – Die Gesundheitskasse. (2014). Destatis: Zahl der Operationen steigt auch 2013. http://www.aok-gesundheitspartner.de/bund/krankenhaus/meldungen/index_10859.html. Zugegriffen: 20. Nov. 2015.

Stern Online. (2013). Zahl der Operationen steigt rasant. http://www.stern.de/gesundheit/spitzenreiter-in-europa-zahl-der-operationen-steigt-rasant-3916652.html. Zugegriffen: 20. Nov. 2015.

Spiegel Online. (2009). Gesundheitssystem: Krankenhäuser – warum werden nicht mehr Betten abgebaut? http://www.spiegel.de/wirtschaft/soziales/gesundheitssystem-krankenhaeuser-warum-werden-nicht-mehr-betten-abgebaut-a-682443.html. Zugegriffen: 19. Nov. 2015.

Bimmer, F. (2013). Zahl der Operationen steigt rapide. http://www.zeit.de/wissen/gesundheit/2013-08/operationen-deutschland-gesundheitsministerium. Zugegriffen: 19. Nov. 2015.

cib/dpa/AFP. (2012). AOK-Krankenhausreport: Zahl der Wirbelsäulen-OPs drastisch gestiegen. Spiegel Online. http://www.spiegel.de/gesundheit/diagnose/aok-krankenhausreport-zahl-der-wirbelsaeulen-ops-drastisch-gestiegen-a-871515.html. Zugegriffen: 20. Nov. 2015.

Deutsche Presse-Agentur. (2013). Zahl der Operationen steigt und steigt. Kieler Nachrichten. http://www.kn-online.de/News/Aus-der-Welt/Nachrichten-aus-der-Welt-Panorama/Zahl-der-Operationen-steigt-und-steigt. Zugegriffen: 18. Nov. 2015.

Hess et al. (2015). Thesenpapier des Beirats des Bundesverbands Managed Care e.V. Zweitmeinung – Patientenrecht und Instrument der Qualitätssicherung. Bundesverband Managed Care e.V. http://www.bmcev.de/fileadmin/Daten/Positionspapiere/Thesen_BMC-Beirat_Zweitmeinungsverfahren.pdf. Zugegriffen: 20. Nov. 2015.

Osterloh, F. (2014). Ärztliche Zweitmeinung: Hilfe oder Verunsicherung? Das Ärzteblatt. http://www.aerzteblatt.de/archiv/166960/Aerztliche-Zweitmeinung-Hilfe-oder-Verunsicherung. Zugegriffen: 16. Nov. 2015.

Zeh, J. (2015). Zweitmeinung nicht per Gesetz – „Jeder Patient soll selbst entscheiden" (Interview mit Dr. Thomas Wolfram). n-tv Online http://www.n-tv.de/wissen/Jeder-Patient-soll-selbst-entscheiden-article15271461.html. Zugegriffen: 20. Nov. 2015.

Autorenporträts

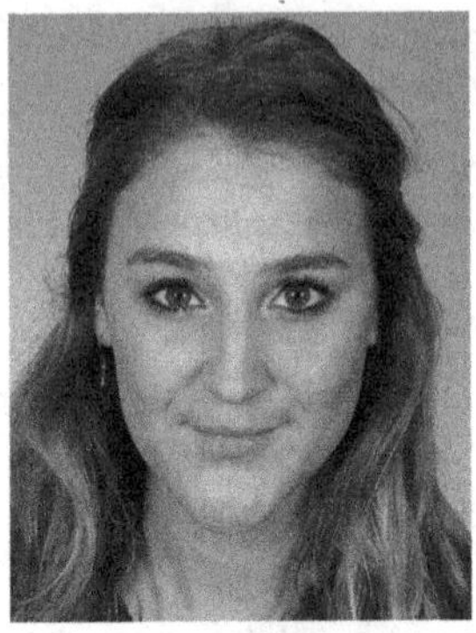

Pia Braun, M.Sc studierte Psychologie an der Université de Luxembourg und machte 2015 ihren Masterabschluss in Arbeits- und Organisationspsychologie an der Maastricht University. Sie kommt gebürtig aus Aachen und spielte bis zu ihrem 17. Lebensjahr leistungsorientiert Tennis, davon zwei Jahre an der Sanchez-Casal Academy in Barcelona. Seit Oktober 2015 arbeitet sie bei der Unternehmensberatung Mercer Deutschland GmbH im betrieblichen Gesundheitsmanagement.

Prof. Dr. Volker Nürnberg absolvierte nach dem Abitur Zivildienst in der Pflege im Krankenhaus. Es folgte ein Studium (Stipendium der Begabtenförderung), Postgraduiertenstudium und Promotion. Seit 20 Jahren beschäftigt er sich mit allen Facetten des Gesundheitsmanagements. Zunächst setzte er Konzepte bei den gesetzlichen Krankenkassen (bis 2011 als Geschäftsführer bei der AOK und BKK) um. 2011 erhielt er einen Ruf als Professor an der BWL Fakultät der Hochschule für angewandtes Management in Erding und leitet seitdem den Studiengang Gesundheitsmanagement. Darüber hinaus ist er Lehrbeauftragter an der TU München und Gastprofessor an der Universität der Ägäis. Er berät als Leiter „Health Management" bei der internationalen Unternehmensberatung Mercer Deutschland GmbH insbesondere zu den Themen Arbeitgeberattraktivität, Personalmanagement, gesetzliche und private Krankenversicherung und weiteren Gesundheitsthemen. Volker Nürnberg ist Mitglied in verschiedenen Vereinigungen und Aufsichtsräten. Mit jährlich jeweils einer zweistelligen Anzahl an Vorträgen und Publikationen zählt er zu den gefragtesten Gesundheitsexperten Deutschlands.

5 Zweitmeinung ja, aber bitte richtig

Jerry Panten und Andrea Niehaus

Zusammenfasung

Aufgrund des am 23.07.2015 in Kraft getretenen Versorgungsstärkungsgesetzes und der damit einhergehenden Garantie auf eine ärztliche Zweitmeinung erhält die Thematik eine aktuelle Bedeutung für die medizinische Versorgung in Deutschland. Vor diesem Hintergrund befasst sich der vorliegende Beitrag mit den Chancen und Risiken der ärztlichen Zweitmeinung für die Patienten. Anhand eines Praxisbeispiels in Form eines Versorgungsvertrages zur OP-Vermeidung durch Zweitmeinung und abgestimmtem Therapiekonzept bei Gonarthrose und Coxarthrose verdeutlichten die Autoren anschaulich die praktische Umsetzung. Abschließend werden die Einsatzmöglichkeiten im Rahmen von Digital-Health näher betrachtet.

J. Panten (✉)
Dortmund, Deutschland
E-Mail: j.panten@web.de

A. Niehaus
Essen, Deutschland
E-Mail: a.niehaus@gaag.de

V. Nürnberg (Hrsg.), *Die ärztliche Zweitmeinung*,
DOI 10.1007/978-3-658-11567-8_5

5.1 Was bedeutet die ärztliche Zweitmeinung für den Patienten?

5.1.1 Die Vorteile

Das am 23.07.2015 in Kraft getretene Versorgungsstärkungsgesetz gibt nach § 27b SGB V allen Patienten, bei denen die Indikation für einen planbaren Eingriff gestellt wird, die Möglichkeit, eine zweite medizinische Meinung einzuholen. Das ist in Bezug auf die Entwicklung der medizinischen Versorgung Deutschlands und Europas in den letzten Jahren von großer Bedeutung. Durch den Fortschritt in der Medizintechnik erhalten wir die Möglichkeit einer sehr genauen Diagnostik. Nahezu jedes Krankheitsbild kann dem Patienten in Bildern transparent gemacht werden und führt dazu, dass funktionelle, körperliche Untersuchungen in den Hintergrund geraten. Dabei hat es sich in jüngster Vergangenheit wissenschaftlich bestätigt, dass die narrative (sprechende) Medizin für den Therapieerfolg von größter Bedeutung ist. Ein narrativer Ansatz in der täglichen Praxis besteht primär aus einer spezifischen Haltung gegenüber Patienten und ärztlichem Handeln, wie auch aus besonderen „narrativen Fähigkeiten" wie Sensibilität für den Kontext von Krankheitserfahrung und einer patientenzentrierten Haltung, narrativen Kommunikationsformen, partnerschaftlichem Kontakt, Reflektieren und aktivem Zuhören (Launer 2002). Ziel muss es sein, die genauen technischen Untersuchungsmöglichkeiten mit einer professionellen Patientenberatung zu kombinieren.

Das Einholen einer zweiten Meinung ist grundsätzlich wichtig und sinnvoll für den Patienten, um die gestellte Diagnose zu bestätigen und damit die notwendigen Therapiemaßnahmen einzuleiten. Es werden unnötige Kosten vermieden und die Erfolgswahrscheinlichkeit der gewählten Therapiemaßnahme wird deutlich erhöht. Allein der bei einer medizinischen Intervention immer mitschwingende Placeboeffekt, kann hier einen Teil des Therapieerfolges ausmachen, wenn der Patient sicher ist, dass die Mediziner die richtige Entscheidung bei der Diagnostik und der Therapie getroffen haben. Die Umsetzung des Zweitmeinungsverfahrens erscheint besonders dann sinnvoll, wenn die Begutachtung des Patienten durch unterschiedliche medizinische Fachbereiche und Fachkompetenzen durchgeführt wird und somit eine möglichst ganzheitliche Betrachtung der Beschwerdesituation stattfindet. Immer dann, wenn die erste Meinung durch eine zweite, unabhängige Meinung bestätigt wird, kann man davon ausgehen, dass der weitere Behandlungsverlauf eine positive Entwicklung nehmen wird.

Im folgenden Kapitel wird näher erläutert, welche Risiken im Zweitmeinungsverfahren stecken. Am Beispiel „Kopfschmerz“ lässt sich sehr gut darstellen, was im intransparenten und häufig unökonomischen, deutschen Gesundheitssystem mit dem Patienten passieren kann. Es gibt ca. 70 mögliche Ursachen für einen Kopfschmerz.

Fallbeispiel

In der Regel konsultiert der Patient zunächst den Hausarzt, der ihn im schlechtesten Fall zunächst nur mit Medikamenten versorgt. Es vergehen einige Wochen und der Patient wird vom Hausarzt an einen Facharzt für Orthopädie überwiesen. Da es sich um keine akute Symptomatik handelt, erhält der Patient nach drei Wochen einen Termin. Der Orthopäde untersucht den Patienten und stellt die Vermutung auf, dass der Schmerz von der Halswirbelsäule kommen könnte. Er überweist den Patienten zum Radiologen, um ein MRT, bzw. eine CT durchführen zu können. Der Untersuchungstermin findet nach zwei Wochen statt. Ergebnis: Die Halswirbelsäule ist unauffällig und der Patient macht einen Folgetermin beim Orthopäden, der dem Patienten erklärt, dass die Halswirbelsäule nicht ursächlich für den Kopfschmerz sein kann. Ein Termin beim Neurologen steht an, um sicher zu stellen, dass keine neurologische Ursache zugrunde liegt. Dieser Termin findet nach fünf Wochen Wartezeit statt und liefert auch keine neuen Erkenntnisse. Der folgende Termin beim Augenarzt ist ebenfalls ernüchternd. Der Patient erhält zwar eine neue Brille, diese ändert aber nichts an den Kopfschmerzen. Jetzt wird der Patient in eine stationäre Schmerzklinik aufgenommen und durchläuft noch mal sämtliche Untersuchungen, wird medikamentös neu eingestellt und verlässt die Klinik ohne Erfolg mit der Diagnose: „Therapieresistente Kopfschmerzsymptomatik“.

Dieses Beispiel zeigt, dass eine ganzheitliche Betrachtungsweise des Patienten nach dem bio-psycho-sozialen Modell grundlegend für eine ökonomische und effiziente Versorgung ist. Das gesetzlich verankerte Zweitmeinungsmodell ist ein Schritt in die richtige Richtung, löst aber zumindest das Problem der Überversorgung nur teilweise.

5.1.2 Die Chancen und Risiken

Neben den vielen Vorteilen für Patienten, die sich aus der ärztlichen Zweitmeinung ergeben, muss man unbedingt an einen Effekt denken, der hier in vielen Fällen eintreten wird. Nehmen wir beispielsweise an, ein Patient mit arthrotischen

Kniegelenksbeschwerden ist bei seinem Hausarzt in Behandlung und dieser empfiehlt nach erfolgloser medikamentöser Therapie eine endoprothetische Operation. Zuvor erhält der Patient aber noch eine fachärztliche Zweitmeinung durch den Orthopäden. Dieser rät nach kurzer Untersuchung von einer solchen Operation ab und versorgt den Patienten weiter mit Analgetika und lässt den Patienten dann in seiner verstärkten Unsicherheit alleine. Hier wurde aus der Chance und der grundsätzlich richtigen Maßnahme der ärztlichen Zweitmeinung ein Problem für den Patienten. Er gerät in die Situation der Hilflosigkeit, die nach allen Erkenntnissen der Medizin die Symptome eher verschlimmern wird. Bestätigt sich die Erstmeinung durch den Facharzt, entsteht Klarheit und Sicherheit für den Patienten und die geplanten Maßnahmen werden mit großer Wahrscheinlichkeit ihre Wirkung erzielen.

Kommen wir auf das erste Beispiel zurück, stellt sich die Frage, wie das weitere Vorgehen in einem solchen Fall sein könnte: Eine sinnvolle Vorgehensweise läge darin, dass diese beiden Mediziner in einen fachlichen Austausch gehen und dem Patienten im Anschluss eine gemeinsame Entscheidung und geplante Maßnahmen empfehlen. Ein Blick aus der Theorie in die Praxis zeigt, dass dies aktuell nur schwer umsetzbar ist. Der schriftliche oder telefonische Austausch bringt zeitliche und organisatorische Hürden mit sich. Hier können zukünftig innovative, digitale Lösungen zum Einsatz kommen, welche einen unkomplizierten, schnellen und persönlichen Austausch möglich machen. Eine weitere Möglichkeit bestünde darin, dass der Patient eine dritte Meinung erhält. Diese kann durch einen weiteren Facharzt, aber auch durch einen Physiotherapeuten erfolgen, der dann auch direkte Behandlungsmaßnahmen vorschlagen kann, die im Kontext des Salutogenese Modells umgesetzt werden. Diese Möglichkeiten werden in Kap. 2 näher erläutert.

5.2 Der Nocebo-Effekt

Nocebo (lateinisch: „ich werde schaden“) ist die Negativseite des bekannten Placebo-Effekts. Der Glaube allein kann heilen oder Schmerzen lindern, aber er kann auch krank machen. Dabei handelt es sich nicht um bloße Einbildung: der Effekt beeinflusst ganz real und messbar die Physiologie des Körpers. Eine Erklärung aus chemischer Sicht ist die, dass ein Botenstoff namens CCK, welcher bei Angst in der Darmschleimhaut gebildet wird, dafür verantwortlich ist: Er löst im Gehirn eine Schmerzreaktion aus und verursacht damit einen Effekt, der Nocebo-Wirkung genannt wird. In der Medizin wird das Phänomen des Nocebo-Effekts sehr häufig unbewusst ausgelöst. Wenn beispielsweise Ärzte ihren Patienten Bedrohliches verkünden, können Patienten in Depressionen verfallen.

Im Magazin Cancer (Jillian Satin et al. 2009) wurde eine Metastudie veröffentlicht, die den Zusammenhang von Depression und Lebenserwartung bei Krebspatienten untersuchte. Das Ergebnis nach der Beobachtung von 9400 Fällen: Depressive Krebskranke hatten eine um 39 % höhere Todesrate. Ein paar Beispiele aus medizinischen Alltäglichkeiten zeigen, dass Placebo- und Nocebo-Effekte vielfältig vorhanden sind.

- Das Eintreten von Nebenwirkungen durch allzu intensives Studieren der Nebenwirkungen im Beipackzettel.
- Menschen, die sich einen Schnupfen bei jemandem holen, der zwar niest aber gar keinen Schnupfen hat.
- Chronische Kopfschmerzen in der Umgebung von Telefonmasten, die abgeschaltet sind. Verdauungsstörungen bei Menschen mit Laktoseintoleranz, die nachweislich gar nicht laktoseintolerant sind.
- Entstehung von Herpes aus Ekel.

Die Erwartung bestimmt die Symptome

Der Nocebo-Effekt ist der nicht überraschende, logische und unwillkommene Zwilling des Placebos: Die Erwartung kann gesund machen – aber eben auch krank. Der Placoebo-Effekt ist lange bekannt: Es ist unstrittig, dass etwa chronische Schmerzpatienten durch wirkstofffreie Scheinmedikamente geheilt werden können, dass Kniebeschwerden oft durch Scheinoperationen ebenso gut gelindert werden, wie durch einen echten Eingriff. Dass eine intensive Zuwendung ebenso heilt wie hochwirksame Medikamente. Dass der Glaube an die Heilung heilt.

Erst in den 60er Jahren bemerkte die Medizin die eigentlich nicht überraschende andere Seite desselben Effekts: Die Überzeugung, krank zu sein, macht krank. Die Erwartung von Schmerzen tut weh. Sogar Placebo-Tabletten ohne Wirkstoff haben Nebenwirkungen – und zwar abhängig von deren Größe, Farbe und Form. Personen, die sich selbst zu einer Risikogruppe zählen, bekommen die erwarteten Krankheiten häufiger, als andere, die davon nichts wissen wollen. Rückenschmerzen werden umso leichter chronisch, je mehr Bilder ihrer vermeintlich „kaputten" Wirbelsäule die Patienten gesehen haben – unabhängig vom Krankheitswert des Befundes. Die Erwartung bestimmt den Verlauf, mit allen Risiken und Nebenwirkungen.

Von Placebo und Nocebo sind beide Geschlechter und alle Altersgruppen betroffen, ja sogar Tiere. Nicht weil die an eine Wirkung von Medikament oder Operation glauben würden, sondern weil sie die Zuwendung ihrer Umgebung spüren oder deren Angst. Es gibt nur eine Gruppe, die für beide Effekte nicht empfänglich ist: Alzheimerkranke im fortgeschrittenen Stadium ihrer Krankheit. Sie spüren die Bemühungen oder Befürchtungen ihrer Betreuer offensichtlich nicht mehr im ausreichenden Maße, um positiv oder negativ, mit einer Placebo- oder Nocebo-Antwort zu reagieren. Alzheimerkranke sind für beide Effekte immun. Angst wirkt überall in der Medizin. An der Klinischen Psychologie und Psychotherapie der Uniklinik in Marburg wurden in einer Studie (Tersek et al. 2008) 130 Patienten mit Rückenschmerzen betreut. Die meisten von ihnen hatten im Vorfeld Sätze gehört wie „Ihre Wirbelsäule ist ein Wrack" oder „Falsche Bewegungen können zu Lähmungen führen." Die Patienten bekamen daraufhin tatsächlich massive Schmerzen. Im Rahmen eines psychotherapeutischen Behandlungsprogramms ließen diese Schmerzen deutlich nach. Mit der Angst ging der Schmerz.

In unserem Gehirn sind Angst- und Schmerzgedächtnis in benachbarten Gehirnstrukturen gespeichert. Bei jeder neuen Schmerzattacke wird auch Angst ausgelöst, dadurch prägt sich jede Schmerzempfindung noch tiefer in das Gehirn ein. Auch das ist eine Erklärung dafür, warum sich diese beiden Faktoren so sehr gegenseitig beeinflussen. Gerade bei Rückenschmerzen wird der Kranke mit dem ganzen Arsenal der modernen Medizin konfrontiert. Die Betroffenen werden mit Röntgenbildern, Kernspinaufnahmen, etc. geradezu überschüttet. Für den Bochumer Schmerzforscher Christoph Maier ist diese inflationär durchgeführte Bildbetrachtung ein Kunstfehler, weil sie sich negativ auf den Krankheitsverlauf auswirken kann: Je mehr radiologische Aufnahmen der Patient mitbringt, desto wahrscheinlicher ist es, dass seine Rückenschmerzen chronisch werden – einfach, weil er die Bilder nicht mehr aus dem Kopf bekommt. Die Erwartungshaltung bestimmt den weiteren Krankheitsverlauf.

Deutschland ist ein Hochrisikoland. Niemand geht häufiger zum Arzt und wird mit mehr medizinischen Befunden überschwemmt, als der Deutsche. Nirgendwo werden mehr Patienten „in der Röhre", dem sogenannten Kernspintomografen, untersucht als hierzulande. Ein Gesundheitsrisiko, denn die vielen medizinisch irrelevanten Auffälligkeiten machen Angst. Mit dem Satz „das ist nicht schlimm, aber das sollten wir beobachten" werden aus Menschen plötzlich Patienten. Ein Zurück in die Zeit medizinischer Ahnungslosigkeit ist unmöglich. Aber der Umgang mit Prognosen, mit Röntgenbildern, mit Tabletten, mit viel Technik und wenig Worten muss überdacht werden. Eine kalt vorgetragene fatale Prognose wird schnell zu einer sich selbst erfüllenden Prophezeiung (Heier 2012).

5.3 Welche Rolle spielt die Physiotherapie? Die physiotherapeutische Diagnostik

Die Physiotherapie hat sich in weiten Bereichen stark weiterentwickelt. War es früher ein ärztlicher Hilfsberuf, wird nicht erst seit der Akademisierung des Berufsstandes die Expertise von Physiotherapeuten von vielen Patienten und Ärzten sehr geschätzt. Eine Kernkompetenz der Physiotherapie liegt in der umfangreichen, ganzheitlichen Diagnostik unter Berücksichtigung bio-psycho-sozialer Aspekte. Diese Betrachtung des gesamten Menschen kombiniert eine spezifische funktionelle Untersuchung mit einer durch aktives Zuhören geprägten Anamnese und führt zu der Möglichkeit, jedem Patienten einen individuellen Therapieplan aufzuzeigen, bei dem die Rückführung zur Aktivität im Vordergrund steht.

Die beste Arznei für den Menschen ist der Mensch – das wusste schon Paracelsus

Ein gutes, ausführliches Anamnesegespräch bildet immer die Grundlage für eine sichere Diagnosestellung und für die richtige Auswahl der Therapiemaßnahmen. Sicherlich ist die Definition des Begriffes „Sprechstunde beim Arzt" in ihrem Ursprung genau hierauf zurückzuführen. In Deutschland wird aber vor allem Zeit und Geld in die bildgebende Diagnostik gesteckt. Die Erkenntnisse hieraus führen aber, wie in dem Kapitel zum Thema Nocebo-Effekt beschrieben, oftmals zu mehr Verunsicherung, als zu einer schnellen Genesung. Leider erleben Patienten viele Arztbesuche als unbefriedigend hinsichtlich der Gesprächszeit, die sie erhalten. Häufig wird die unzureichende Vergütung des Gesprächsteils von Ärzten als Grund für die knappe Gesprächszeit mit dem Patienten angeführt. Die Definition einer „ausreichenden Vergütung" bietet natürlich viel Interpretationsspielraum, vor allem im Vergleich zu der physiotherapeutischen Vergütungsstruktur. Besonders in dem ersten, aber auch in den weiteren Terminen einer physiotherapeutischen Behandlungsserie ist der Anteil des Anamnesegespräches sehr groß. Hier investieren Physiotherapeuten häufig mehr Zeit, als ihnen vergütet wird, um eine qualitativ hochwertige Therapie durchführen zu können.

An der folgenden Untersuchung lässt sich erkennen, dass schon wenige Sekunden mehr Zeit viel bewirken können. Wie lange reden Patienten, wenn sie nicht unterbrochen werden? Wie viel Zeit verstreicht, bis ihr Arzt sie unterbricht? Diesen Fragen ist Prof. Dr. Ulrich Schwantes, Allgemeinmediziner in Schwante, in einer Untersuchung in Berliner Arztpraxen nachgegangen. Laut Schwantes ist das Zeitargument bei näherem Hinsehen eigentlich kein großes. Akribisch hat er aufgelistet, wie lange Patienten sprechen, wenn ihr Arzt sie nicht unterbricht: im

Schnitt 90 s (Wilm et al. 2004; Langewitz 2005). Ist das zu lang für jemanden, der krank ist? Für viele Ärzte offenbar schon. Sie unterbrechen ihre Patienten nach 10 bis 20 s (Wilm et al. 2004; Langewitz 2005). In Berliner Praxen stellte Schwantes fest, dass von 501 untersuchten Gesprächen nur eine Handvoll länger als 150 s und nur zwei der Stichproben genau 10 min oder länger gedauert haben. Zusammengefasst kann man festhalten, dass im Rahmen des Zweitmeinungskonzeptes die Physiotherapie eine wichtige Rolle spielen kann, unter anderem deshalb, weil hier den für den Therapieerfolg so wichtigen Komponenten Zeit und Vertrauensbildung viel Bedeutung beigemessen wird.

Wenn in Deutschland nicht nur weniger operiert würde, sondern auch mehr Zeit für Gespräche und weniger für kostenintensive Untersuchungen eingesetzt würde, ließen sich sicherlich deutlich bessere Ergebnisse erzielen. Das deutsche Gesundheitssystem ist im internationalen Vergleich sehr teuer, liefert aber nicht die Ergebnisse, die angesichts der hohen Kosten zu erwarten wären.

Ein weiterer Hinweis für eine Fehl- und Überversorgung in der deutschen Medizinlandschaft entsteht durch ein häufig von Ärzten positiv verstärktes Verhaltensmuster vieler Patienten. Deutsche gehen im europäischen Vergleich sehr viel früher und häufiger zum Arzt. Häufig würden Ratschläge und Anleitungen zu mehr Bewegung, besserer Ernährung oder mehr Entspannung ausreichen, um nicht nur auftretende Symptome zu verbessern, sondern auch an der Ursache zu arbeiten. Stattdessen wird alles (zu) genau untersucht und lediglich Symptome beseitigt. Die deutsche Medizin ist nach wie vor sehr stark auf die Pathogenese ausgerichtet. Sie ist fokussiert auf Krankheits(symptom)-Beseitigungsstrategien und weniger auf die Unterstützung und Stimulation autoprotektiver und (auto)-salutogener Potenziale (Matthiessen 2011).

Es gibt immer zwei Möglichkeiten. Den Ertrinkenden zu retten, oder ihn zum Schwimmen zu befähigen.

Besonders bei orthopädischen Krankheitsbildern kann der Patient sehr viel zum Therapieerfolg beitragen und muss nicht vom Arzt oder Therapeuten abhängig sein. Als Patienten verhalten wir uns oftmals sehr passiv und erwarten, dass uns geholfen wird. Die Erkenntnisse aus dem rasanten medizinischen Fortschritt fördern solch ein passives Verhalten oftmals. Sowohl in als auch abseits der Schulmedizin bestehen unzählige Therapie- und Behandlungsformen, die genau hier ansetzen. Patienten nehmen nicht selten große Strapazen auf sich, um an jemanden zu gelangen, der ihnen zu helfen vermag. Dabei ist die Aktivierung unserer Selbstheilungskräfte deutlich effizienter, nachhaltiger und nebenbei auch wesentlich kostengünstiger.

5.4 Die Versorgungslücke: Der Weg von der Diagnostik zur Therapie

Wie in den vorherigen Kapiteln bereits beschrieben, ist Deutschland eines der führenden Länder, was die Diagnostik anbelangt. Eine genaue Untersuchung führt zunächst zu mehr Klarheit für den Patienten. Eine Ursache für die Beschwerdeproblematik gefunden zu haben, ist der erste wichtige Schritt auf dem Weg zur Genesung, bzw. zum richtigen Umgang mit der Situation. Aber nur wenn jetzt der zweite Schritt folgt, nämlich der Schitt zur richtigen Therapie, besteht die Chance auf ein positives Outcome. Bei der Auswahl der geeigneten Therapiemaßnahmen muss eine strikte Einhaltung aktuell vorhandener Leitlinien aufgrund bestehender Evidenz berücksichtigt werden. Diese Therapie kann teilweise von den Fachärzten selbst umgesetzt werden, je nach Fachgebiet sind aber weitere medizinische Fachberufe hinzuzuziehen. Im orthopädischen Bereich sind hier vorwiegend ergo- und physiotherapeutische Maßnahmen zu nennen. Die Einhaltung leitliniengerechter Therapie gilt gleichermaßen für den Arzt, wie für den Therapeuten.

Ein Risiko der ärztlichen Zweitmeinung besteht also darin, dass der Patient nach einer umfangreichen Diagnostik in die Versorgungslücke fällt. Aus dieser Erkenntnis resultiert die Notwendigkeit einer konkreten Therapieempfehlung im Anschluss an eine ärztliche Zweitmeinung. Da therapeutische Maßnahmen häufig von Heilmittelerbringern, wie Logo-, Ergo- und Physiotherapeuten durchgeführt werden, ist es für den Patienten ganz besonders wichtig, dass die ausgesprochene Therapieempfehlung von Arzt und Therapeut gleichermaßen als sinnvoll und notwendig angesehen wird.

Auch hier gibt es viel Optimierungsbedarf im fragmentierten Gesundheitsmarkt. Die immer besser werdenden technischen Möglichkeiten werden uns in naher Zukunft darin unterstützen in einer effizienten, ökonomischen Weise interdisziplinär arbeiten zu können. In Kap. 5.6 werden diese Möglichkeiten näher beleuchtet.

5.5 Praxis-Beispiel: „OP-Vermeidung durch Zweitmeinung und abgestimmtem Therapiekonzept bei Gonarthrose oder Coxarthrose"

Operation ja, aber nicht um jeden Preis

Knie- und Hüftgelenksarthrose gilt als Hauptursache für die Implantation einer Endoprothese (Rabenberg 2013) in Deutschland und zählen mit zu den häufigsten chirurgischen Eingriffen (Gesundheitsberichterstattung des Bundes 2014). Aufgrund der hohen Anzahl endoprothetisch durchgeführter Operationen, bei zum Teil unklarem Versorgungsgeschehen, wird kontrovers über die Notwendigkeit der operativen Eingriffe diskutiert. Nicht alle Knie- und Hüft-TEP (Totalendoprothese) Operationen können mit der hohen Anzahl an Arthrosepatienten oder dem demografischen Wandel erklärt werden. Zusätzlich wirken weitere Einflussfaktoren, wie Begleiterkrankungen und der medizinisch-technische Fortschritt, welche sich in der Häufigkeit der Endoprothesen zeigen (Trieb et al. 2011). Überdies bietet der Einfluss ökonomischer Interessen in der Endoprothetik Nährboden für Konflikte aufseiten der Leistungserbringer und Leistungsträger. Die angebotsinduzierte Nachfrage und Mindestmengenregelungen, die Krankenhäuser von der Versorgung ausschließen, die nicht das angeforderte Minimum an Operationen erreichen, heizen die Diskussionen genauso an, wie fehlende Indikationskriterien in der Endoprothetik.

Es wird deutlich, dass das Anbieten alternativer Behandlungsmethoden, die eine optimale Versorgungsqualität bieten und gleichzeitig die Kostenauswirkungen auf das Gesundheitssystem eindämmen, von großer Bedeutung ist. Diesem Ziel widmet sich NOVOTERGUM seit dem 01.01.2014 mit dem „NOVOTERGUM Endoprothetik-Konzept". Im Rahmen der Besonderen Versorgung gemäß § 140a SGB V soll das Konzept mögliche Alternativen zu einem operativen Eingriff aufzeigen und deren Wirksamkeit belegen, um die steigende Zahl an operativ versorgten Knie- und Hüftpatienten zu reduzieren. Hierzu wurde eine Vorgehensweise erarbeitet, um geeignete Patienten in das Programm aufzunehmen und diese individuell, je nach Beschwerdebild ärztlich und physiotherapeutisch zu behandeln. Neben der Vermeidung, bzw. dem Aufschub indizierter gelenkersetzender Operationen bzw. der Operationsvorbereitung der Patienten, deren Eingriff unumgänglich ist, liegt ein weiteres Ziel des Konzeptes in der Steigerung der Lebensqualität der Betroffenen.

Aus der Statistik der OECD (Organisation for Economic Co-operation and Development) geht hervor, dass in kaum einem anderen Industrieland so viele gelenkersetzende Operationen durchgeführt werden wie in Deutschland.

Wie in Tab. 5.1 ersichtlich, belegt Deutschland im Jahr 2012 mit 206 Eingriffen pro 100.000 Einwohner den zweiten Rang in der Implantationshäufigkeit von Knieendoprothesen und liegt damit deutlich über dem OECD-Durchschnitt von 114 Eingriffen je 100.000 Einwohner. Der Vollständigkeit halber merkt die OECD in ihrer Publikation an, dass unterschiedliche Berechnungsgrundlagen der einbezogenen Länder nicht berücksichtigt wurden und dass es Ungewissheit bezüglich der Aufnahmekriterien der einzelnen Länder gibt. Dennoch liegt Deutschland nach der Bereinigung um die Altersstruktur weit vorne und es wird deutlich, dass sich die Versorgungsrate in Deutschland im internationalen Vergleich mit den hier berücksichtigten 20 OECD-Ländern auf einem hohen Niveau eingependelt hat.

Der Behandlungspfad in dem Vertrag zur Besonderen Versorgung nach § 140a SGB V „OP-Vermeidung durch Zweitmeinung und abgestimmtem Therapiekonzept bei Gonarthrose oder Coxarthrose" ist bewusst einfach und übersichtlich gestaltet. Die teilnehmenden Hausärzte und Fachärzte API (Allgemeinmediziner, Praktische Ärzte und Internisten) dokumentieren die Untersuchungsergebnisse betroffener Patienten (Diagnosen M16 und M17) auf einem speziellen Screeningbogen und senden diesen an das Casemanagement der Managementgesellschaft. Die betroffenen Patienten geben mit Ihrer Unterschrift zur Datenfreigabe die auf dem Screeningbogen enthaltenen Daten für die Nutzung der teilnehmenden Vertragspartner frei. Das Casemanagement übernimmt die Lotsenfunktion für die Patienten und kümmert sich um die schnelle und reibungslose Terminvergabe für die ärztliche Zweitmeinung beim teilnehmenden Facharzt für Orthopädie in der Nähe des Patienten. Der teilnehmende Facharzt für Orthopädie sichtet und

Tab. 5.1 Übersicht Knieprothesen. (Quelle: Schoenstein et al. 2013)

	Anzahl an Knieendoprothesen pro 100.000 Einwohner	Rangposition verglichen mit 20 OECD-Ländern	OECD-Durschschnitt (Anzahl pro 100.000 Einwohner)
Österreich	217	1	114
Deutschland	206	2	
Schweden	140	3	

bewertet die Vorbefunde, untersucht den Patienten, dokumentiert die Ergebnisse auf validierten Fragebögen und berät den Patienten zu den Untersuchungsergebnissen und über die weitere Vorgehensweise. Stimmt der Facharzt für Orthopädie mit der OP-Indikation des Erstmeiners überein, so erhält der Patient das sichere Gefühl die richtige Entscheidung für eine Operation zu treffen. Der Patient erhält zusätzlich auf Wunsch eine Kurztherapie über vier Therapieeinheiten für die unterstützende Vorbereitung (in der Regel Maßnahmen zur Schmerzreduzierung und Gehstützen-Training) auf die Operation. Sieht der Facharzt für Orthopädie jedoch eine Möglichkeit die drohende Operation durch den Einsatz einer intensiven, konservativen Therapie zu vermeiden, so kann der Patient mit einer ausführlichen Eingangsanalyse durch den Physiotherapeuten in die besondere Versorgung starten. Der Umfang und Inhalt der Therapie ist dabei individuell und bedarfsgerecht und wird in enger Abstimmung zwischen den behandelnden Physiotherapeuten und dem Facharzt für Orthopädie geplant. Weicht eine ärztliche Zweitmeinung von der Meinung des eigenen Hausarztes ab, so sind die Patienten natürlich im ersten Schritt sehr verunsichert. Hier ist es besonders wichtig, die Patienten mit der abweichenden ärztlichen Meinung nicht alleine zu lassen. Eine ärztliche Zweitmeinung, gerade wenn diese von der ersten Meinung abweicht, wird nur hilfreich für den Patienten sein, wenn auch direkt Alternativen zu einer Operation aufgezeigt und eingeleitet werden. Ein umfassendes Therapiekonzept, in dem die Abstimmung zwischen dem Facharzt für Orthopädie und dem Physiotherapeuten mit dem Patienten gewährleistet ist, bildet die Basis für gute Therapieergebnisse.

Das Ziel des Versorgungsvertrages ist es, die Patienten möglichst schnell in die Eigenaktivität zu begleiten und dabei die persönlichen Therapieziele der Patienten zu erreichen. Die persönlichen Therapieziele sind hierbei besonders wichtig, denn diese Ziele beziehen sich auf die größten Probleme in der Alltagsbewältigung und sind somit häufig „das Zünglein an der Waage" bei der Entscheidung für oder gegen eine Operation. Eine weitere Besonderheit des Versorgungsvertrages ist die Möglichkeit einer Online-Therapie im Anschluss an die intensive Therapie im Physiotherapiezentrum. Die Online-Therapie bietet die Möglichkeit mit individuell auf den Patienten abgestimmten Therapievideos die Therapieerfolge nachhaltig abzusichern. Zwischenuntersuchung, Abschlussuntersuchung und eine Kontrolluntersuchung durch den Facharzt für Orthopädie sowie die Möglichkeit für ein physiotherapeutisches Re-Assessment zwölf Monate nach Therapieende komplettieren das Therapiekonzept.

5.6 Digital Health – Innovationen als Chancen verstehen und konsequent nutzen

Internet, Smartphone, Tablet-PCs, Laptops und Co. beeinflussen immer mehr das Verhalten von Patienten. Vor allem die schnelle und flächendeckende Verbreitung von Smartphones prägen heute die Veränderungen im deutschen Gesundheitsmarkt deutlich. Patienten sind aufgeklärter, interessierter und kritischer und setzen sich bereits vor einem Arztbesuch mit bestehenden Symptomen auseinander. Laut einer aktuellen Studie der Bertelsmann-Stiftung (2015) können sich bereits 37 % der Befragten vorstellen, eine Video-Konsultation zu nutzen.

Durch den Einsatz digitaler Technologien und moderner Digital-Health-Anwendungen werden die Effizienz des Gesundheitssystems und die Versorgungsqualität signifikante Steigerungsraten erfahren. Die digitale Revolution im Gesundheitswesen wird getragen von vier Kernbestandteilen: Vernetzung, Telemedizin, neue Therapien und Datenschutz. Wenn Deutschland seinen hohen Standard in der Gesundheitsversorgung – insbesondere in Anbetracht des demografischen Wandels – auf Dauer erhalten will, muss der Weg für zeitgemäße Abläufe und insbesondere für den Einsatz von Digital Health im gesamten Gesundheitswesen geebnet werden. Nur so kann es gelingen, die vielfältigen Herausforderungen zu meistern. Zu diesen zählen der Fachkräftemangel im Gesundheitswesen, die Gewährleistung einer qualitativ hochwertigen Versorgung in der Stadt und in ländlichen Regionen sowie die Sicherstellung einer dauerhaften Finanzierbarkeit des Systems.

5.6.1 Online-Sprechstunde

Unabhängig vom jeweiligen Aufenthaltsort können sich Arzt und Patient von Angesicht zu Angesicht gegenübertreten. Die Barrieren des persönlichen Arztbesuchs werden durch die Möglichkeit der medizinischen Videokommunikation überwunden und große räumliche Distanz kann so überbrückt werden, ohne lange Anfahrtswege für einen Besuch in der Praxis in Kauf nehmen zu müssen. Somit bietet die Online-Sprechstunde gleich mehrere Vorteile. Gerade die Verbesserung der Versorgung in unterversorgten Gebieten kann durch den Einsatz einer Online-Sprechstunde vorangetrieben werden. Die medizinische Videokommunikation erleichtert den Alltag für den Patienten und Arzt gleichermaßen. Ein weiterer Aspekt, der positiven Einfluss auf die Compliance des Patienten haben kann, ist die Einbindung von nahestehenden oder pflegenden Angehörigen (erwachsene Kinder von älteren Patienten) in die Behandlung der Patienten durch die gemeinsame Nutzung der Online-Sprechstunde.

Der Datenschutz hat die allerhöchste Priorität
Grundvoraussetzung für eine Online-Sprechstunde ist ein Datenschutzkonzept. Eine Online-Sprechstunde muss abhörsicher sein, eine direkte Peer-to-Peer-Verbindung zwischen Arzt und Patient ist hierfür ausschlaggebend. Alle medizinischen Daten werden vom Patienten freiwillig und eigenständig bereitgestellt. Diese sind mehrfach verschlüsselt, ähnlich wie beim Online Banking, denn Datenschutz bzw. der Schutz patientenbezogener Daten haben allerhöchste Priorität. Alle Informationen werden, nur nach Einwilligung des Patienten und ausschließlich in deutschen Rechenzentren gespeichert. Nur nach persönlicher Einwilligung werden diese an den Arzt übermittelt.

Welche Leistungen dürfen über die Online-Sprechstunde erbracht werden?

1. Ärztliche Zweitmeinung
   a) Vorhandenes Bildmaterial gemeinsam besprechen
   b) Informationen über alternative Behandlungsmöglichkeiten
   c) Sicherheit für Patienten bei der Therapie-Entscheidung

Oftmals haben Patienten bei einer drohenden Operation das Bedürfnis nach einer zweiten ärztlichen Meinung. Die Einschätzung durch einen zweiten Fachexperten gibt Aufschluss über alternative Behandlungsmöglichkeiten und gibt Patienten ein sicheres Gefühl bei der Wahl ihres Arztes und hilft bei der Entscheidung für die individuell am besten geeigneten Therapiemaßnahmen. Eine ärztliche Zweitmeinung stellt keine individuelle Behandlung oder Beratung, sondern ein „Gutachten" einer durch einen anderen Arzt gestellten Diagnose dar. Demnach sind das Angebot und die Erteilung einer Zweitmeinung grundsätzlich über die Online-Sprechstunde durchführbar.

2. Nachkontrolle/Zwischenuntersuchung
   a) Weiterführung einer bestehenden Therapie
   b) Kontinuierliche Kontroll-Termine (z. B. für chronisch kranke Patienten)

Sobald es sich um ein bereits bestehendes Arzt-Patienten-Verhältnis handelt (Patient war bereits beim Arzt in der Praxis vorstellig) bestehen keine Bedenken und Beschränkungen hinsichtlich der Änderungen von bestehenden

Therapiemaßnahmen während der Online-Sprechstunde. Der Arzt ist mit der medizinischen Historie des Patienten bereits vertraut und eine körperliche Voruntersuchung hat bereits in der Praxis stattgefunden.

5.6.2 Online-Therapie

Bei einer ärztlichen Zweitmeinung, die von der Erstmeinung abweicht, ist neben einem angeschlossenem Therapiekonzept (Kap. 5) auch die nachhaltige Absicherung der Therapieerfolge von großer Bedeutung.

Die Absicherung dieser Ergebnisse kann aus therapeutischer und ökonomischer Sicht (Online-Therapien können durch Skaleneffekte zu deutlich geringeren Kosten wie vergleichbare ambulante Therapiekonzepte angeboten werden) in Form einer weiterführenden Online-Therapie erfolgen. Es ist sehr wichtig, den Patienten im Rahmen des Therapiekonzeptes zurück in die Aktivität zu begleiten. Die Online-Therapie kann durch eine individuell auf den Patienten abgestimmte Therapie mittels Therapievideos die Therapieerfolge nachhaltig absichern und bei hoher Motivation und Aktivität des Patienten sogar weiter ausbauen.

5.6.3 Mehrwert durch sinnvolle Vernetzungen

Die grundlegende Innovation ist die systematische Vernetzung der analogen (Ärzte, Krankenhäuser, Leistungserbringer usw.) mit der digitalen (Webportale, Wearables usw.) Gesundheitswelt, also die Implementierung einer Prozesskette anstatt der Umsetzung von digitalen und analogen Insellösungen. Eine wünschenswerte Weiterentwicklung und Optimierung in der Versorgung der Patienten ist die Vermeidung von Doppeluntersuchungen sowie die Vermeidung von Medikationsfehlern durch Multimorbiditäten.

Das Ziel ist, die Gesundheitsdaten überall dort verfügbar zu machen, wo der Patient seine Daten benötigt. Ob zur persönlichen Dokumentation der Krankengeschichte, zur Vermeidung von belastenden oder teuren Doppeluntersuchungen oder zum schnellen und ausführlichen Austausch medizinisch relevanter Informationen.

Patienten können nach dem Arztbesuch ihre Dokumente wie zum Beispiel Arztbriefe, Röntgenbilder oder Medikationspläne (usw.) einfach digital auf dem Smartphone mit nach Hause nehmen. Darüber hinaus hat der Patient die Möglichkeit selbst medizinische Dokumente mit der Smartphone-Kamera einzuscannen und digital im Smartphone abzulegen. Alle Daten können individuell beim nächsten Arztbesuch direkt dem Arzt über einen speziellen, sicheren Hub übergeben werden. Das ist technologisch bereits heute einsetzbar. Daten werden ausschließlich offline auf dem Smartphone gespeichert. Bei der Nutzung einer dafür konzipierten App und des sicheren Hubs in der Arztpraxis werden keine Daten über das Internet übertragen. Auf dem sicheren Hub in der Arztpraxis liegen die Daten nur temporär und werden nach dem Verlassen der Arztpraxis automatisch wieder gelöscht.

Der Schutz der persönlichen Gesundheitsdaten hat höchste Priorität. Die Daten werden nach deutschen Datenschutzbestimmungen verschlüsselt und sicher lokal in dem Handy des Patienten gespeichert. Die Daten können nur nach Eingabe des Zahlencodes bzw. des Fingerabdrucks entschlüsselt und anschließend angesehen oder übertragen werden. Andere Apps oder Dritte können nicht ohne eine explizite Einwilligung des Patienten auf die Inhalte zugreifen. Die dafür konzipierte App benötigt den Zugriff auf die Standortdaten des Smartphones. So kann die App erkennen, dass der Patient sich in der Nähe eines sicheren Hubs (Übertragungsgerät in der Arztpraxis) befindet und Dokumente ausgetauscht werden können. Die Standortdaten werden nicht übertragen. Durch diese Prozessinnovation kann die Versorgungsqualität sowie die Patientensicherheit deutlich erhöht werden.

Fazit

Die gesetzliche Manifestierung der ärztlichen Zweitmeinung ist absolut zu begrüßen. Es gilt jedoch, neben allen Chancen für eine bessere Versorgung der Patienten, die daraus entstehenden Risiken zu berücksichtigen. Zunächst sei erwähnt, dass der Patient bei einer Bestätigung der Erstmeinung durch einen zweiten Mediziner ein hohes Maß an Sicherheit in seiner unsicheren Krankheitssituation gewinnt. Darüber hinaus stärkt eine Bestätigung der Erstmeinung das Vertrauen in den behandelnden Arzt nicht unerheblich. Ein Risiko für den Behandlungserfolg entsteht immer dann, wenn die beiden Mediziner nicht der gleichen Meinung sind. Die Unsicherheit der kranken Person steigt. Umgangssprachlich passt hier folgende Aussage: **Frag drei Mediziner und du erhältst vier Meinungen**.

Ein weiterer wichtiger Faktor im Rahmen der Zweitmeinung besteht darin, keine Versorgungslücke aufkommen zu lassen. Der Patient braucht nach einer guten Diagnosik eine verständliche Erklärung für seine Situation, genauso aber auch eine klare Therapieempfehlung. Abschließend sei nocheinmal auf die so wichtige interdisziplinäre Zusammenarbeit hingewiesen. Die digitale Entwicklung in der Medizin eröffnet hier effiziente Lösungsmöglichkeiten.

Literatur

Bertelsmann Stiftung (2015). *Möglichkeiten und Grenzen von Video-Konsultationen in der ambulanten Versorgung*. Gütersloh: **Bertelsmann Stiftung**.

Heier, M. (2012). Nocebo – Wer's glaubt wird krank. Stuttgart: Hirzel.

Langewitz (2005).

Launer, J. (2002). *Narrative Based Primary Care: A Practical Guide*. Abingdon: Radcliffe Medical Press.

Matthiessen, P. F. (2011). *Einzelfallforschung zwischen Evidence based Medicine und Narrative based Medicine*. ICE 11. Köthen (Anhalt).

Rabenberg (2013).

Satin, J. R., Linden, W., & Phillips, M. J. (2009). Depression as a predictor of disease progression and mortality in cancer patients. *Cancer, 115*(22), 5349–5361.

Schoenstein, M., et al. (2013). Endoprotetik im internationalen Vergleich. In *Ärztezeitung* 2/2013, S. 45–46.

Tersek, J., Glombiewski, J. A., & Rief, W. (2008). Positive Effekte von Informationsvermittlung im Rahmen einer kognitiven Verhaltenstherapie bei Patienten mit chronischen Rückenschmerzen. *Verhaltenstherapie, 18*(3), 153–161. (IF: 0.59).

Trieb, Heller, & Wirtz (2011).

Wilm et al. (2004).

Gesundheitsberichterstattung des Bundes (2014), Die 50 häufigsten Operationen der vollstationären Patientinnen und Patienten in Krankenhäusern, 2014.

Autorenporträts

Jerry Panten absolvierte seine Ausbildung zum Physiotherapeuten in Bochum. Im Laufe der beruflichen Stationen lag der Schwerpunkt für den sportbegeisterten Therapeuten immer in dem Bereich der chirurgischen und orthopädischen Medizin. Jahrelange Erfahrungen im stationären, sowie ambulanten Bereich und der frühe Einstieg in die Weiterbildung von Therapeuten bildeten die Grundlage für seine jetzige Tätigkeit mit den Schwerpunkten in der Qualitätssicherung, Konzept- und Therapieentwicklung, Aus- und Weiterbildung von Sport- und Physiotherapeuten

Andrea Niehaus machte eine Ausbildung zur Industriekauffrau, bevor sie berufsbegleitend eine Weiterbildung zur staatlich geprüften Betriebswirtin abgeschlossen hat.

Nachdem sie für sieben Jahre die Privatklinik PREVENTICUM kaufmännisch geleitet hat, kümmert sie sich seit 2013 bei der NOVOTERGUM AG als Bereichsleitung Unternehmensentwicklung unter anderem um Selektivverträge mit Krankenkassen. Speziell der Bereich der orthopädischen und physiotherapeutischen Versorgung von chronischen Rückenschmerzen und die Entwicklung von Zweitmeinungskonzepten steht dabei im Mittelpunkt. Seit Oktober 2015 führt sie im Schwesterunternehmen (Deutsche Arzt AG) diese Aufgaben fort.

6 Ärztliche Zweitmeinung durch Internetportale

Julia Zetz und Claudius Schikora

Zusammenfassung

Im Internet sind unzählige medizinische Informationen zu finden und die Mehrheit der Deutschen sucht hier zuerst bei einer gesundheitlichen Fragestellung. Leider ist meist die Qualität der Antwort bzw. Homepage für den Laien nicht erkennbar. Man kann 3 verschiedene Nutzertypen von Gesundheitsportalen unterscheiden. Gesundheitsportale können und sollen den Arzt nicht ersetzen. Sie können aber Lücken schließen, zum Beispiel zur Erstinformation bevor ein Patient zum Arzt geht. Das Gesundheitsportal der Zukunft ist interaktiv, hat die sozialen Netzwerke integriert und stellt auch Videos und andere Materialien zu einschlägigen Themen zur Verfügung.

6.1 Informationssuche im Internet

Das Internet ist seit vielen Jahren nicht nur ein geräteübergreifendes Kommunikationsmittel, es ist für viele Nutzer zunehmend auch ein multifunktionales Informationsmedium. Die Nutzung im Sinne der Informationssuche erfolgt dabei mehr und

J. Zetz (✉)
München, Deutschland
E-Mail: julia.zetz@netdoktor.de

C. Schikora
Feldafing, Deutschland
E-Mail: claudius.schikora@cajol.de

V. Nürnberg (Hrsg.), *Die ärztliche Zweitmeinung*,
DOI 10.1007/978-3-658-11567-8_6

mehr selektiv, d. h. Nutzer können und müssen aus einer großen Masse verfügbarer Information auswählen. Besonders im Bereich der medizinischen Selbsterkennung ist das Angebot in den vergangen Jahren stetig gewachsen. Die Themen Gesundheitsprävention und Gesundheitswiederherstellung sind für viele Menschen in den Vordergrund gerückt. Dabei ist es für den Nutzer nicht immer leicht, qualitative und informative Inhalte zu finden. Aufgrund der zahlreichen Informationsquellen haben Nutzer aber heute auch die Möglichkeit, Informationen zu selektieren und sich damit an Marken und Dienstleistungsanbieter zu binden.

Der Nutzer findet aber nicht nur zahlreiche Informationen über Krankheitsbilder, Symptome und Behandlungsmöglichkeiten, sondern auch direkte Hilfe in Form von Communities. Wer früher unter einem unbekannten Symptom litt, der hat in der Regel direkt einen Arzt aufgesucht. Heute ist das Internet für viele der erste Weg, um an Informationen zu gelangen. Nun müssen wir uns sogleich die Frage stellen: Sind Gesundheitsportale wirklich die Zweitmeinung oder sind sie vielmehr die erste Anlaufstelle bei gesundheitlichen Beschwerden?

Ein Blick zurück in das Jahr 2006 zeigt, dass der Anteil der Deutschen, die im Internet Gesundheitsportale besucht haben, bereits bei fast 35 % lag (Abb. 6.1). Diese Entwicklung könnte auf verschiedene Veränderungen im Gesundheitssystem, aber auch auf den allgemeinen demografischen Wandel zurückführen sein. Mit Einführung der Praxisgebühr haben sich viele Patienten die Frage gestellt, ob sie bei einer vermeintlich einfachen Erkältung einen Arzt konsultieren müssen, oder ob es vielleicht möglich sei, mit nicht verschreibungspflichtigen Medikamenten den Gesundheitszustand wiederherzustellen. Eine Google-Suche zum Thema „Tipps bei Erkältung" liefert in unter einer Sekunde 793.000 Ergebnisse (Stand: 14.03.2015). Diese Tatsache zeigt sehr deutlich, dass die Betreiber von Gesundheitsportalen und anderen Online-Informationsmedien diesen Trend erkannt und entsprechend gehandelt haben.

Der Faktor „demografischer Wandel" wiederum ist ein langsamer aber dafür sehr stetiger Prozess, der den Arzt als alleiniges Informationsmedium schon jetzt abgelöst hat. Das liegt nicht nur den verfügbaren Informationen, sondern vor allem daran, dass laut Angaben des Statistischen Bundesamtes im Jahr 1998 lediglich 8,8 % (www.destatis.de, Statistisches Bundesamt) der deutschen Haushalte einen Zugang zum Internet hatten, im Jahr 2014 waren es bereits 78,8 % (www.destatis.de, Statistisches Bundesamt).

Doch nicht nur die steigende Anzahl der Haushalte mit Internetanschluss trägt zur Veränderung bei, auch die Generation der sog. „Digital Natives". Etwas zu „googeln" ist heute ein ständiger Begleiter im Sprachgebrauch und die Berührungspunkte mit dem Internet und den auffindbaren Informationen sind heute viel stärker als vor einigen Jahren. Werden lediglich Zahlen und Fakten zugrunde

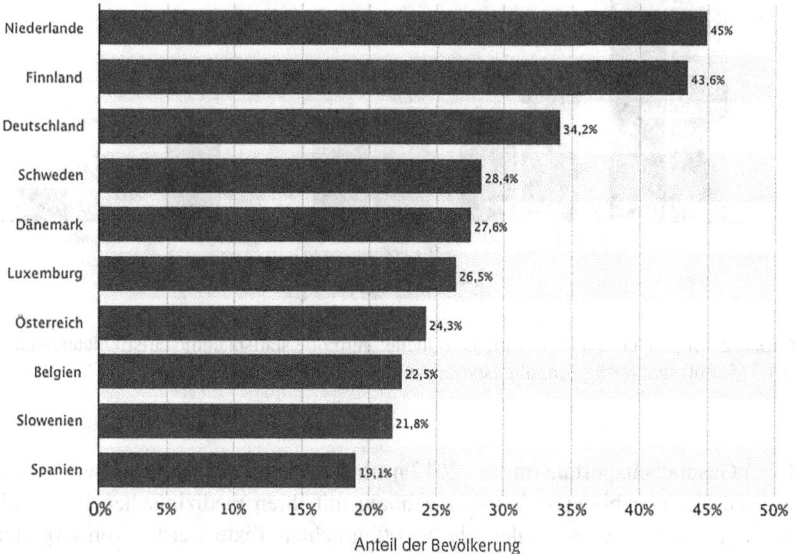

Abb. 6.1 Anteil der Bevölkerung, der bereits Gesundheitsportale im Internet besucht hat, nach ausgewählten europäischen Ländern im Jahr 2006. (Quelle: http://de.statista.com/statistik/daten/studie/29.357/umfrage/anteil-der-bevoelkerung-ausgewaehlter-eu-laender-der-gesundheitsportale-besucht-hat)

gelegt, kann bereits jetzt eine Schlussfolgerung gezogen werden: Gesundheitsportale sind heute für viele Nutzer die erste Anlaufstelle bei gesundheitlichen Problemen und Fragen.

6.2 Medizinische Informationen im Internet

Medizinische Informationen sind im Internet auf nahezu unzähligen Portalen zu finden. Dabei ist für den Nutzer nicht immer auf den ersten Blick zu erkennen, ob es sich um fundierte Informationen von Experten handelt. Abb. 6.2 zeigt die

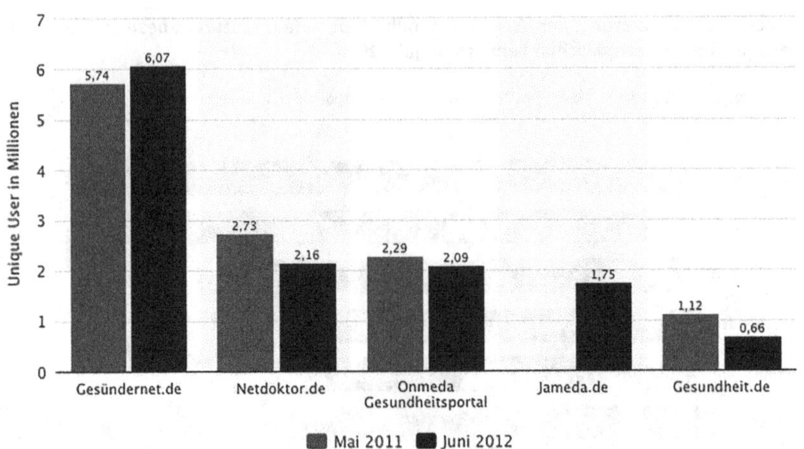

Abb. 6.2 Top 5 Gesundheitsportale. (Quelle: http://de.statista.com/statistik/daten/studie/164.745/umfrage/top-5-gesundheitsportale-im-netz-nach-besucherzahl/)

Top 5 Gesundheitsportale im Juni 2012 nach der Anzahl der Unique User (in Millionen). Die abgebildeten Anbieter gehören mit ihren medizinischen Informationen zu den sog. Fachportalen, die veröffentlichten Texte werden von Experten verfasst. Doch genau dieser Zustand bringt Ärzte heute ins Wanken. Viele Nutzer und letztlich auch viele Patienten sind nicht mehr nur mit einer Fachmeinung zufrieden, sie möchten mehr über ihre Krankheit in Erfahrung bringen.

Fachportale wie netdoktor.de oder gesündernet.de haben sich zum Ziel gesetzt, aus Nutzern, die nach medizinischen Informationen suchen, mündige Patienten zu machen. Was im ersten Moment nach einer gut formulierten Werbefloskel klingt, ist aber durchdacht und sinnvoll.

Das Gesundheitsportal netdoktor.de gehört zu den ältesten Fachportalen im Bereich Gesundheitswissen. Der dänische Arzt Carl Brandt zeigte mit seiner Forschungsarbeit aus dem Jahr 1997 (Brandt et al. 1997), dass zwei Faktoren großen Einfluss auf die Genesung von Patienten haben: die Kommunikation zwischen Arzt und Patient und die Informationen über die eigene Krankheit. Das prägnanteste Beispiel zeigte Brandt bei der Aufklärung über die Folgen des Rauchens. Die Ergebnisse zeigten, dass Raucher, die mit dem einfachen und verständlichen Begriff „Raucherlunge" sehr detailliert aufgeklärt wurden, schneller zur Abstinenz zu bewegen waren als solche Raucher, deren Ärzte lediglich den Begriff „Chronische Bronchitis" erklärten. Brandts Forschungsarbeit hat bis heute bestand, besonders im Hinblick auf die oftmals mangelnde Kommunikation zwischen Arzt und Patient.

An dieser vernachlässigten Kommunikation ist nicht immer der Arzt allein schuld, auch das Gesundheitssystem trägt zu diesem Missstand bei. Den gesetzlichen Krankenkassen sind ausführliche Beratungen nur wenige Euro wert und dabei ist es gleichgültig, wie lange das Gespräch zwischen Arzt und Patient dauert. Unter diesen Gesichtspunkten ist es eine logische Schlussfolgerung, dass sich das Informationsbedürfnis der Patienten verändert hat und sie auf eigene Faust nach ausführlichen Informationen im Internet suchen.

6.3 Der Nutzer hat sich verändert

Eine Umfrage des „Young Lions Gesundheitsparlament" hat ergeben, dass 79 % der Befragten das Internet als Quelle für Gesundheitsinformationen nutzen. Die Befragten gaben an, in den meisten Fällen eine Suchmaschine zu verwenden und nicht auf bekannte Gesundheitsportale zurückzugreifen (www.zukunft-gesundheitswesen.de). Dieser Umstand ist letztlich dem demografischen Wandel zuzuschreiben, denn besonders die „Digital Natives" nutzen das Internet zur Informationssuche. Für das Verhältnis zwischen Arzt und Patient und deren Kommunikation bedeutet dieser Umstand eine radikale Veränderung. Patienten kommen heute informiert in die Behandlung, haben Fragen und hinterfragen die Empfehlungen des Arztes heute sehr genau. Während für Ärzte ein informierter und fragender Patient oftmals mehr Arbeit bedeutet, wirkt sich dieser Zustand in vielen Fällen positiv auf die Genesung des Patienten aus. Wie schon Carl Brandt herausfand, ist ein aufgeklärter Patient therapietreuer und dadurch nachhaltig gesünder.

Doch nicht jeder Nutzer verarbeitet die selbst recherchierten Informationen auf dem richtigen Weg. Fundierte Expertenportale wie netdoktor.de bieten ihren Lesern alle Informationen, ganz egal, ob sie auf die spezifische Suchanfrage des Lesers passen. So findet der Nutzer beispielsweise zum Symptom „Husten" einen ausführlichen Artikel mit über 3000 Wörtern, der nicht nur die Symptombeschreibung umfasst, sondern auch über Ursachen und mögliche Erkrankungen eingeht. Und genau hier liegt das Problem: Viele Nutzer können nicht einschätzen, welcher Ursache sie bei Husten nachgehen sollten. Netdoktor.de schildert als mögliche Erkrankung neben der harmlosen Erkältung auch eine Herzinsuffizienz oder die Refluxkrankheit.

Das Problem mit dem Ärzte heute kämpfen, liegt also nicht bei den Gesundheitsportalen, die falsche oder schlechte Informationen zur Verfügung stellen, sondern an Nutzern, die Informationen falsch verarbeiten. Nicht selten haben

Ärzte deshalb verängstigte Patienten in der Sprechstunde, die durch eine falsche Informationsaufnahme beunruhigt sind. Die Herausforderung der Gesundheitsportale liegt also nicht nur darin, Informationen breit und fundiert zu liefern, sondern auch die unterschiedlichen Nutzer-Typen richtig einzuschätzen und entsprechende Inhalte bereitzustellen.

6.4 Drei Nutzer-Typen

Gesundheitsportale verzeichnen zum Teil monatlich bis zu zehn Millionen Nutzer. Es wäre kaum zu schaffen, hier auf jeden unterschiedlichen Nutzer-Typen einzugehen. Das Portal netdoktor.de hat deshalb seine Leser in drei Kategorien eingeteilt:

Chronisch Kranke
Diese Nutzergruppe ist grundsätzlich sehr aufgeklärt über ihre Krankheit, sucht aber dennoch nach Informationen, Erfahrungsberichten und alternativen Behandlungsmöglichkeiten. Besonders im Anfangsstadium der chronischen Erkrankung kann es aber zu einer großen Verunsicherung kommen, da der Arzt den Patienten u. U. nicht ausreichend über die Folgen und Behandlungsmöglichkeiten aufgeklärt hat. Ist der Patient mit seiner Krankheit vertraut, ist er bereit seine Erfahrungen zu teilen und anderen Patienten Tipps zu geben. Diesen Nutzer-Typ findet man vermehrt in Gesundheits-Communities wie med1.de oder rehacafe.de.

Betroffene Nutzer
Der Betroffene Nutzer ist entweder selbst akut krank oder hat einen pflegebedürftigen Angehörigen. In vielen Fällen wurde er von seinem Arzt bereits über seinen Gesundheitszustand aufgeklärt, möchte aber weitere Informationen über seine Krankheit. Hat der betroffene Nutzer einen Angehörigen, den er pflegen muss, sucht er zusätzlich nach Erfahrungsberichten und ausführlichen Informationen. Diesen Nutzer-Typ findet man auf Gesundheitsportalen sowie in Communities um dort Wissen und Erfahrungen auszutauschen.

Interessierte Nutzer
Der interessierte Nutzer ist weder chronisch oder akut krank, noch hat er pflegebedürftige Angehörige. Er sucht nach allgemeinen Informationen um seinen Gesundheitszustand dauerhaft zu erhalten oder mögliche Erkrankungen präventiv durch einen gesunden Lebensstil abwenden zu können. Als interessierter Nutzer

liest er Fachbeiträge auf Gesundheitsportalen oder anderen Online-Medien und ist – zum Teil – aktiver Nutzer des Community-Angebots.

Die Herausforderung für Gesundheitsportale liegt nun darin, jedem dieser drei Nutzer-Typen die richtigen Informationen zur Verfügung zu stellen. Dabei ist es nicht immer einfach, zu wissen, welche Inhalte der Leser sucht. Jedoch sind die ausgelieferten Inhalte kontrollierbar. Gesundheitsportale müssen sich also fragen, wie sie mit ihren Inhalten eine breite Masse an Nutzern ansprechen und deren Bedürfnisse befriedigen können?

6.5 Welche Inhalte will der Nutzer? Welche Inhalte erhält der Nutzer?

Betrachtet man alle drei Nutzer-Typen und ihre unterschiedlichen Bedürfnisse, gibt es einen Überschneidungspunkt: Inhalte, die der Nutzer lesen will. Ein großer Teil der Nutzer, die Informationen über Gesundheitsthemen im Internet suchen, hatten bisher keine oder nur wenige Berührungspunkte mit dem Thema Medizin. Selbstredend, dass ihnen häufig die Fachtermini fehlen um Krankheiten oder Symptome in medizinischen Lexika nachzuschlagen. Folglich besteht ein hohes Bedürfnis nach laienverständlichen Informationen, dem Austausch mit Betroffenen oder Angehörigen oder der Interaktion mit Fachleuten um Fragen zu klären, die erst nach dem Arzt-Patienten-Gespräch in der Praxis oder im Krankenhaus aufkommen. Für den Nutzer selbst ist aber nicht auf den ersten Blick ersichtlich, welche Informationen als gut oder schlecht zu bewerten sind. Ist der Betroffene akut krank, ist er im Hinblick auf seine Symptome oft verunsichert oder verängstigt. Dieser Zustand führt dazu, dass Informationen oftmals schnell konsumiert und nicht ausreichend geprüft werden.

Die Stiftung Warentest prüfte im Jahr 2009 insgesamt zwölf Online-Portale, die medizinische Informationen zur Verfügung stellen (Abb. 6.3) auf einige dieser Kritikpunkte. Alle getesteten Portale sind heute (Stand April 2015) noch online und aktiv. Neben Navigation der Webseite, Barrierefreiheit und Multimediainhalten flossen in die Bewertung auch inhaltliche Transparenz, Vollständigkeit und Textverständlichkeit ein. Insgesamt ergab der Test ein hohes Optimierungspotenzial für alle Anbieter. Jedoch haben sich viele Portale in den letzten Jahren verändert, was nicht zuletzt auch an der wachsenden Wichtigkeit von Suchmaschinenoptimierung (SEO) lag, sondern auch daran, dass viele Portalbetreiber erkannt haben, dass sich der Nutzer verändert hat und man auf diese Veränderungen positiv reagieren muss.

vergleichen	Anbieter und Produkt	test-QUALITÄTSURTEIL	INHALTLICHE QUALITÄT 60 % ausblenden «	Information (Vollständigkeit, Richtigkeit, Neutralität)	Textverständlichkeit	Transparenz und Gliederung	HANDHABUNG DER WEBSITE 30 % Details »	UMGANG MIT ANFRAGEN 10 %
	› GesundheitPro.de	GUT (2,5)	gut (2,4)	+	+	○	befriedigend (2,6)	Entfällt
	› netdoktor.de	GUT (2,5)	befriedigend (2,6)	○	○	○	gut (2,3)	Entfällt
	› vitanet.de	GUT (2,5)	gut (2,5)	+	○	○	gut (2,4)	gut (2,2)
	› Onmeda	BEFRIEDIGEND (2,7)	befriedigend (2,9)	○	⊖	○	gut (2,3)	Nicht bewertet
	› netdoktor.at	BEFRIEDIGEND (2,8)	befriedigend (2,8)	○	+	○	befriedigend (2,7)	Nicht bewertet
	› dr-gumpert.de Medizin online	BEFRIEDIGEND (3,0)	befriedigend (3,0)	○	○	⊖	befriedigend (3,0)	Entfällt
	› gesundheit.de	BEFRIEDIGEND (3,1)	befriedigend (3,4)	○	○	⊖	gut (2,4)	Entfällt
	› qualimedic.de	BEFRIEDIGEND (3,2)	befriedigend (3,3)	⊖	○	○	befriedigend (3,0)	befriedigend (3,4)
	› Medizinfo	BEFRIEDIGEND (3,3)	befriedigend (3,1)	○	+	⊖	ausreichend (3,7)	Entfällt
	› sprechzimmer.ch	BEFRIEDIGEND (3,3)	befriedigend (3,5)	○	○	⊖	befriedigend (2,9)	Nicht bewertet
	› imedo.de	AUSREICHEND (3,6)	ausreichend (4,0)	⊖	○	⊖	befriedigend (2,8)	Entfällt
	› paradisi.de	AUSREICHEND (3,8)	ausreichend (3,6)	⊖	+	⊖	ausreichend (4,1)	Entfällt

Abb. 6.3 Bewertung von Online-Portalen

Trotz dieser positiven Veränderungen, die viele Anbieter in den letzten durchlebt haben, stellt sich immer noch die Frage, ob Gesundheitsportale wirklich zur Verbesserung der Arzt-Patienten-Kommunikation beitragen und ob sie den Betroffenen wirklich helfen, nachhaltig gesünder zu sein?

6.6 Gesundheitsportale – Die Lösung?

Rund 35 % der Deutschen suchen regelmäßig im Internet nach Informationen zum Thema Gesundheit (www.statista.com, Statista GmbH). Besonders dann, wenn die betroffenen Nutzer Symptome nicht eindeutig zuordnen können, ist in vielen Fällen eine Suchmaschine und nicht der Arzt der erste Ansprechpartner. Aber auch ohne ein konkretes Leiden ist das allgemeine Interesse an Gesundheitsinformationen groß, allein in Deutschland sind über 13 Mio. Menschen (www.statista.com, Statista GmbH) sehr interessiert daran, mehr über Krankheiten, Symptome und Behandlungsmöglichkeiten zu erfahren. Und genau diese Nutzer finden auf den zahlreichen Gesundheitsportalen, gesundheitsrelevante Informationen.

Für den Nutzer, der akute Beschwerden hat, stellt sich in den meisten Fällen nicht die Frage, wie gut die Qualität der Informationen ist, sondern ob er genau die Information findet, die er sucht. Unter Umständen beginnt sein Leiden zu einem Zeitpunkt, an dem kein Arzt verfügbar ist oder der Nutzer ist unsicher, ob er überhaupt einen Arzt aufsuchen soll. Und genau an dieser Lücke – zwischen dem Beginn einer Beschwerde und dem Besuch bei einem Arzt – setzen

Gesundheitsportale an. Sie stellen den Nutzern eine Erstinformation zur Verfügung, die sie befähigen soll, bei einem Arzt-Patienten-Gespräch, die richtigen Fragen zu stellen.

Greift man das bereits erwähnte Beispiel „Symptome Husten" erneut auf, könnte ein Patient beispielsweise nach einer abgeklungenen Erkältung an anhaltendem Husten leiden. Dann wäre seine erste Anlaufstelle, um die Ursache dafür zu finden, vielleicht das Internet. Eine Suche mit dem Begriff „anhaltender Husten" liefert dem Nutzer mehr als 70.000 Suchergebnisse. Unter den ersten drei Ergebnissen befinden sich „Lungenärzte im Netz", die „Apotheken Umschau" und das Gesundheitsportal „NetDoktor".

Die „Lungenärzte im Netz" bieten dem Suchenden gleich ein sehr spezifisches Ergebnis, nämlich Informationen über chronischen Husten und listen Symptombeschreibungen für Reizhusten, Bluthusten, akuten Husten und chronischen Husten auf. Eine einleitende Information über Husten im Allgemeinen und ein Hinweis, dass ein Besuch beim Arzt in manchen Fällen zwingend notwendig sein kann, fehlen bei diesem Portal.

Anders sieht es auf der Internetseite der „Apotheken Umschau" aus, hier findet der Suchende sofort im ersten Satz den Hinweis, dass ein Besuch beim Arzt bei länger andauernden Beschwerden notwendig ist. Im weiteren Verlauf gibt es eine allgemeine Beschreibung zum Symptom, welche möglichen Ursachen dahinter stecken können und noch mal den ausführlichen Hinweis, wann ein Besuch beim Arzt nötig ist.

Das dritte Suchergebnis bringt den Nutzer auf das Gesundheitsportal „NetDoktor". Nach einer kurzen Einleitung zum Thema „Husten" findet der Suchende ein Inhaltsverzeichnis, das ihm folgende Informationen liefert: Beschreibung des Symptoms, Ursachen und mögliche Erkrankungen, chronische Erkrankungen, wann ein Besuch beim Arzt notwendig ist, wie die Untersuchung bei einem Arzt abläuft und was gegen Husten hilft. Auch hier findet der Betroffene den Hinweis, dass die hier aufgelisteten Informationen nicht allumfassend sind und das diese den Besuch beim Arzt nicht ersetzen sollen.

Diese drei Beispiele zeigen sehr deutlich, wie unterschiedlich Gesundheitsportale die Informationen an den Suchenden ausliefern. Und genau hier liegt das eigentliche Problem, denn Gesundheitsportale sollen nicht den Besuch beim Arzt ersetzen, sie sollen eine Unterstützung für Ärzte und Patienten sein. Dem Patienten sollen sie alle wichtigen Informationen an die Hand geben um ihn informiert in das Arzt-Patienten-Gespräch zu bringen, damit er dem Arzt die für seine Beschwerden relevanten Fragen stellen kann. Den Arzt sollen sie unterstützen, indem sie ihm einen aufgeklärten Patienten bringen, der durch eben diese Aufklärung sehr viel therapietreuer ist.

Gesundheitsportale sind also keinesfalls die allumfassende Lösung, weder für Patienten noch für Ärzte, sie schließen lediglich die Lücke zwischen dem Patienten, der zuerst auf eigene Faust nach gesundheitsrelevanten Informationen sucht, und dem Arzt, der einen aufgeklärten Patienten behandeln kann, der ihm die richtigen Fragen zu seinen Beschwerden stellt.

Für beide, Nutzer und Ärzte, stellt sich allerdings immer die Frage, welches Gesundheitsportal hochwertige und qualitative Informationen liefert?

6.7 Qualifikation von Gesundheitsportalen

Nicht jedes Gesundheitsportal sieht sich als Vermittler und Unterstützer zwischen Arzt und Patient. Ob ein Anbieter Informationen zur Verfügung stellt, die hochwertig und qualitativ sind, lässt sich in vielen Fällen schon auf den ersten Blick erkennen:

- Die Informationen sind gut und sinnvoll strukturiert
- Die Finanzierung des Portals wird offengelegt
- Redaktionelle und werbliche Inhalte sind klar getrennt
- Autoren und deren Qualifikation werden genannt

Zusätzlich zertifiziert der sogenannte HONCode (Health on Net Code) die Qualität und die Vertrauenswürdigkeit von Online-Gesundheitsportalen und wurde gegründet, um die Verbreitung von hochwertigen Gesundheitsinformationen für die breite Öffentlichkeit, für Ärzte und Fachpersonal sowie für betroffene Patienten zu erleichtern. Ein Gesundheitsportal, das sich den Leitlinien des HONCode verschrieben hat, arbeitet nach folgenden Leitlinien (www.healthonnet.org, Health On the Net Foundation):

Sachverständigkeit
Die Angaben über die Qualifikationen der Verfasser sind deutlich erkennbar und die gelieferten Informationen werden ausschließlich von medizinisch ausgebildeten Fachleuten erstellt.

Komplementarität
Das Portal weist deutlich darauf hin, dass die Informationen zur Unterstützung und nicht als Ersatz der Arzt-Patient-Beziehung dienen.

Datenschutz
Das Gesundheitsportal hält sich an die allgemeinen Datenschutzvorschriften und garantiert, dass persönliche Daten vertraulich behandelt werden.

Zuordnung
Zu jedem Artikel werden die Quellen genannt, sowie das Datum der Veröffentlichung.

Belegbarkeit
Behauptungen müssen bezüglich Nutzen und der Effizienz belegt werden.

Transparenz
Die Darstellung muss auf verschiedenen Geräten ermöglicht werden, die Kontaktaufnahme per E-Mail muss unkompliziert möglich sein.

Offenlegung der Finanzierung
Das Gesundheitsportal legt offen dar, durch welche Quellen es finanziert wird.

Werbepolitik
Die werblichen Inhalte werden klar von den redaktionellen Inhalten getrennt.

Für den Endnutzer sind diese Leitlinien nicht immer klar erkennbar, was in vielen Fällen dazu führt, dass Informationen ausgeliefert werden, die fehlerhaft und nicht medizinisch belegt sind. Das stört nicht nur die Kommunikation zwischen Arzt und Patient, sondern auch das Vertrauen in Gesundheitsportale.

6.8 Vertrauen vs. Bilanz

Viele kommerzielle Gesundheitsportale haben nicht die finanziellen Mittel, um dem Nutzer eben diese qualitativen Informationen zu liefern und so die Lücke zwischen Arzt und Patient zu füllen. Dennoch ist es auch für Portale, die nach dem HONCode arbeiten, mit großem Aufwand verbunden, sich in der Vielzahl der Gesundheitsportale im Internet als vertrauenswürdige Marke zu etablieren. Sie müssen viel Aufwand und Zeit in den Aufbau der eigenen Marke investieren um als vertrauenswürdiger Informationslieferant wahrgenommen zu werden.

Dies geschieht heutzutage nicht nur durch hochwertige Informationen und das Beachten von Leitlinien, sondern vor allem durch persönliche Kommunikation. Hier bieten soziale Netzwerke gute Möglichkeiten, mit den Nutzern in einen direkten Kontakt zu treten. Viele Gesundheitsportale haben nicht nur eine eigene Facebook-Fanseite, sondern sind auch in anderen Netzwerken wie Twitter oder Instagram aktiv. Dort treten sie mit den Nutzern in einen regen Informationsaustausch, liefern regelmäßig neue Beiträge oder aktivieren und binden den Nutzer durch Gewinnspiele und Aktionen an die eigene Marke. Diese Veränderung in der Kommunikation lässt sich nicht nur auf das neue Nutzerverhalten zurückführen, sondern auch auf die Fokussierung auf den Endverbraucher, denn letztlich ist es er, der zum wirtschaftlichen Gewinn eines Gesundheitsportals beiträgt.

Jedes Portal, das gesundheitsrelevante Informationen in hoher fachlicher Qualität zur Verfügung stellt, muss auch wirtschaftlich rentabel sein. Diese Rentabilität entsteht in vielen Fällen durch Werbung. Zum einen durch einfache AdSense-Banner, die mithilfe der Suchmaschine Google auf dem Portal eingespielt werden, zum anderen aber auch durch Kooperationen mit Unternehmen aus dem Medizin- und Pharmabereich. So bietet das Portal „NetDoktor" eigene Editorial-Seiten für Werbekunden an. Diese Bereiche werden von der Fachredaktion mit medizinisch-relevanten Informationen betextet und entsprechend gekennzeichnet.

Letztlich bewegt sich ein Gesundheitsportal immer zwischen Vertrauen und Bilanz, denn fachliche Qualität muss auch finanziert werden. Aber im Vergleich zur Vergangenheit sind die Möglichkeiten für ein Portal, rentabel zu wirtschaften, heute viel größer.

6.9 Gesundheitsportale damals und heute

Blickt man zurück in die Vergangenheit, hat sich die Kommunikation in den letzten Jahren sehr stark verändert. Und diese Veränderung haben auch die Gesundheitsportale zu spüren bekommen. Wo es früher nur eine Ein-Weg-Kommunikation gab, hat der Nutzer heute durch den aktiven Austausch viel mehr Einfluss auf die Inhalte, die ihm geliefert werden. Vor einigen Jahren wurden Informationen oftmals nur „konsumiert", heute können Nutzer durch einen aktiven Austausch in sozialen Medien dazu beitragen, dass Gesundheitsportale Informationen ausliefern, die auf die eigenen Bedürfnisse zugeschnitten sind. Das erhöht natürlich einerseits den Aufwand für die medizinischen Fachredaktionen, andererseits liefert der Nutzer dadurch auch gut verwertbare Daten, die es zulassen, Informationen und Werbung auf sein persönliches Profil ausspielen zu können.

Besonders die Gesundheitsportale, die nach den Leitlinien des HONCode arbeiten, haben sich in den letzten Jahren stark verändert. Die Möglichkeiten, Nutzerdaten zu messen und auszuwerten, nutzen Portale wie „Onmeda", „Netdoktor" oder die „Apotheken Umschau", um ihren Nutzern bessere Informationen liefern zu können. Doch egal ob neue Kommunikationswege oder eine optimierte Datenaufbereitung, beides bringt Vor- und Nachteile.

6.10 Neue Wege – Nur Vorteile?

Der Nutzer erwartet heute von einem Gesundheitsportal nicht mehr nur die reine Lieferung von relevanten Informationen, sondern auch eine schnelle Aktualisierung von Daten in Bild, Text und Video. Zudem muss das Angebot unlimitiert, vielfältig und aktuell, sowie auf die Zielgruppe zugeschnitten sein. Mobile Geräte, die in vielen Fällen auch internetfähig sind, erfordern, dass die Informationen keinen räumlichen oder zeitlichen Einschränkungen unterliegen.

Genau diese ständige Verfügbarkeit von Informationen stellt Gesundheitsportale heute vor einige große Herausforderungen. So muss ein Portal, das dem Nutzer hochwertige Informationen liefert, selbst für eine einheitliche Qualitätssicherung sorgen. Zudem muss es sich inhaltlich von anderen Portalen abheben, weil der Nutzer die Möglichkeit hat, Informationen zu selektieren und selbst zu entscheiden, von welchem Portal er die gesuchten Inhalte erhalten möchte.

Diese Herausforderungen stellen Gesundheitsportale heute vor eine große Frage: Wie können Inhalte so gestaltet werden, dass der Nutzer eine Beziehung zur Marke aufbaut und auch in Zukunft gesundheitsrelevante Informationen direkt von genau diesem Gesundheitsportal bezieht?

6.11 Das Gesundheitsportal der Zukunft

Ein wettbewerbsfähiges Portal ist – im Idealfall – ein alltägliches Medium für den Nutzer. Im Bereich Gesundheitsinformationen nimmt es einen gleichwertigen Platz neben Suchmaschinen ein, d. h. der Nutzer hat eine starke Verbindung zur Marke und sucht die Information intuitiv auf einem bestimmten Portal. Zudem sollte es dem Nutzer durch interaktive Anwendungen mehr als nur textbasierte Informationen liefern, bspw. in Form von Videos, Selbsttests und Communities. Der Nutzer erwartet heute auch mehr als nur das Konsumieren von Informationen, er möchte in einen direkten Austausch treten und Tipps sowie Ratschläge schnell und unkompliziert erhalten. Soziale Netzwerke bieten hier eine gute Möglichkeit, diese Wünsche zu erfüllen, denn Facebook, Twitter & Co. sind heute für viele nicht mehr nur Plattformen um mit Freunden in Kontakt zu bleiben, sie sind auch gleichzeitig eine Informationsquelle für Nachrichten.

Eine weitere Herausforderung für Gesundheitsportale sind die ansässigen Ärzte, denn viele von ihnen stehen solchen Portalen kritisch gegenüber. Es liegt also an den einzelnen Portalanbietern, eine gute Beziehung zu den Ärzten aufzubauen und mit ihnen gemeinsam eine gute Basis der Zusammenarbeit zu definieren. Die Schwierigkeit liegt nicht allein in der Kommunikation mit den Ärzten, sondern darin, sie vom Nutzen für sich selbst und den Patienten zu überzeugen. Das Gesundheitsportal der Zukunft steht also nicht allein mit seinen Nutzern in einem regen und interaktiven Austausch, sondern auch mit den behandelnden Ärzten.

Fazit

Gesundheitsportale könnten in der Zukunft einen großen Beitrag zur Verbesserung der Arzt-Patienten-Kommunikation beitragen. Dies sollte aber nicht allein durch hochwertige Inhalte geschehen, sondern auch durch einen aktiven Austausch mit Ärzten und Nutzern. Auch für Krankenkassen sind solche Portale ein wertvoller Kooperationspartner. Private und gesetzliche Krankenkassen profitieren von einem aufgeklärten Patienten, der selbst nach Informationen sucht und aufgeklärt in das Arzt-Patienten-Gespräch geht. Portalanbieter müssen sich schon heute zwei großen Herausforderungen stellen: den Ärzten und den eigenen Inhalten. Sie müssen in einen regen und aktiven Austausch mit Ärzten treten um sie als Partner für eine Zusammenarbeit zu gewinnen, sie müssen Überzeugungsarbeit leisten und sie müssen einen echten Mehrwert für den Arzt darstellen. Im Hinblick auf die eigenen Inhalte ist es von besonderer Bedeutung, dass sie zielgruppengerecht arbeiten, ihren Nutzern zuhören und auf deren Bedürfnisse eingehen.

Stellen sich Gesundheitsportale genau diesen Herausforderungen, könnten sie in Zukunft ein wertvoller Partner für Patienten, Ärzte und Krankenkassen sein.

Literatur

Brandt, C. J., Ellegaard, H., Joensen, M., Kallan, F. V., Sorknaes, A. D., & Tougaard, L. (1997). Effect of diagnosis of „smoker's lung". *The Lancet, 349,* 253.

Health On the Net Foundation. (Hrsg.). Der HONcode in Kürze. https://www.healthonnet.org/HONcode/German/. Zugegriffen: 19. Apr. 2015.

Janssen-Cilag GmbH. (Hrsg.). Umfrageergebnisse: Gesundheitsinformationen im Internet. https://www.zukunft-gesundheitswesen.de/2013/12/umfrageergebnisse-gesundheitsinformationen-im-internet/. Zugegriffen: 19. Apr. 2015.

Statista GmbH. (Hrsg.). Anteil der Bevölkerung, der bereits Gesundheitsportale im Internet besucht hat, nach ausgewählten europäischen Ländern im Jahr 2006. http://de.statista.com/statistik/daten/studie/29357/umfrage/anteil-der-bevoelkerung-ausgewaehlter-eu-laender-der-gesundheitsportale-besucht-hat/. Zugegriffen: 19. Apr. 2015.

Statista GmbH. (Hrsg.). Bevölkerung in Deutschland nach Interesse an Informationen über Gesundheitsfragen von 2010 bis 2014 (Personen in Millionen). http://de.statista.com/statistik/daten/studie/172011/umfrage/interesse-an-informationen-zu-gesundheitsfragen/. Zugegriffen: 19. Apr. 2015.

Statistisches Bundesamt. (Hrsg.). Ausstattung mit Gebrauchsgütern. https://www.destatis.de/DE/ZahlenFakten/GesellschaftStaat/EinkommenKonsumLebensbedingungen/AusstattungGebrauchsguetern/Tabellen/A_EVS_Infotechnik_FBG.html. Zugegriffen: 19. Apr. 2015, 14. März 2015.

Statistisches Bundesamt. (Hrsg.). Ausstattung privater Haushalte mit Informations- und Kommunikationstechnik – Deutschland. https://www.destatis.de/DE/ZahlenFakten/GesellschaftStaat/EinkommenKonsumLebensbedingungen/AusstattungGebrauchsguetern/Tabellen/Infotechnik_D.html. Zugegriffen: 19. Apr. 2015,14. März 2015.

Stiftung Warentest. (Hrsg.). Gesundheitsportale im Internet. https://www.test.de/Gesundheitsportale-Die-besten-Infos-im-Netz-1780855-1780974/. Zugegriffen: 19. Apr. 2015.

Zukunft Gesundheitswesen. https://www.zukunft-gesundheitswesen.de/2013/12/umfrageergebnisse-gesundheitsinformationen-im-internet/. Zugegriffen: 14. März 2015.

Autorenporträts

Prof. Dr. Dr. Claudius Schikora Nach dem Studium an der LMU in München startete **Prof. Dr. Dr. Claudius Schikora** seine Karriere bei Procter&Gamble Deutschland. 1999 wurde er Business Development Manager bei der boo.com Group. Anschließend war Claudius Schikora als Geschäftsführer der New Media, Tochter der Bavaria Film Gruppe, tätig. Im Jahre 2001 wechselte er dann in den Siemenskonzern und ging hier in die Unternehmensberatung von Siemens Business Services. 2006 wurde er Internet-Unternehmer und gründete MediKompass.de. Im Jahre 2008 verkauften die Gründer ihre Anteile an die Verlagsgruppe von Holtzbrinck. 2010 wurde Claudius Schikora von den neuen Eigentümern der MediKompass GmbH wieder an Bord geholt und führte als Vorstand die Beteiligungsholding MediNavi AG an die Börse. Bereits seit 2005 lehrt er als Professor für Marketing- und Medienmanagement und Unternehmensführung an der Hochschule für angewandtes Management (FHAM) mit Sitz in Erding. Seit 2013 ist Claudius Schikora Präsident der FHAM.

Julia Zetz, B.A studierte Medienmanagement an der Hochschule für angewandtes Management in Erding und erlangte dort 2014 ihren Abschluss. Die gebürtige Münchnerin interessiert sich auch über ihren Beruf hinaus für alles, was mit Social Media zu tun hat.

Interview mit Prof. Dr. med. Harms zur ärztlichen Zweitmeinung

7

Mercedes Hausi und Volker Nürnberg

Zusammenfassung

Der heutige Patient wird zunehmend zum „aufgeklärten" Patienten. Noch bevor er einen Arzt für eine Diagnose aufsucht, hat er sich meist schon vorab im Internet bei „Dr. Google" zur Symptomatik und entsprechend möglichen Diagnosen informiert. Oftmals sind durch diese eigenen Recherchen die Patienten verunsichert und ängstlich – sie wissen nicht was sie erwartet.

Der heutige Patient wird zunehmend zum „aufgeklärten" Patienten. Noch bevor er einen Arzt für eine Diagnose aufsucht, hat er sich meist schon vorab im Internet bei „Dr. Google" zur Symptomatik und entsprechend möglichen Diagnosen informiert. Oftmals sind durch diese eigenen Recherchen die Patienten verunsichert und ängstlich – sie wissen nicht was sie erwartet. Bereits verunsichert gehen diese Patienten zu einem Arzt, der das Meinungsbild durch weitere Informationen entweder bekräftigt oder sogar den Patienten weiter irritiert. Dies hat zur Folge, dass immer mehr Patienten eine ärztliche Zweitmeinung einfordern, um die beste Behandlungsmethode für die eigene Erkrankung zu finden. Prof. Dr. Jürgen

M. Hausi (✉)
Ketsch, Deutschland
E-Mail: mercedes.hausi@vitaliberty.de

V. Nürnberg
Karlsbad, Deutschland
E-Mail: volker.nuernberg@fham.de

V. Nürnberg (Hrsg.), *Die ärztliche Zweitmeinung*,
DOI 10.1007/978-3-658-11567-8_7

Harms, der Experte für Wirbelsäulenchirurgie, hat eine klare Meinung zur ärztlichen Zweitmeinung. Er ist Facharzt für Orthopädie und Unfallchirurgie. Herr Prof. Harms operierte über 30 Jahre als Chefarzt der Orthopädie und Wirbelsäulenchirurgie am Klinikum Karlsbad-Langensteinbach in Karlsbad und ist nun seit einigen Jahren an der Privatklinik Ethianum in Heidelberg tätig.
Das Interview führten Dr. Mercedes Hausi und Prof. Dr. Volker Nürnberg

Herr Prof. Dr. Harms, was halten Sie grundsätzlich von der ärztlichen Zweitmeinung? Wie ist Ihre Einstellung dazu?
Wissen Sie, ich habe mich, im Gegensatz zu meinen Kollegen, nie am Begriff „Zweitmeinung" gestört. Ich bin definitiv ein Freund der Zweitmeinung und bin grundsätzlich für das Einholen einer Zweitmeinung. Menschen machen Fehler und können sich irren. Dies ist auch bei Ärzten nicht anders und kann gerade in der Medizin erschreckende Auswirkungen haben. Das Thema Zweitmeinung ist aber ein sensibles und komplexes Thema, da es nicht ausreicht, dass der Patient einfach nur zu einem anderen Arzt geht. Es ist von großer Bedeutung, welcher Arzt als geeignet angesehen wird um eine qualifizierte Zweitmeinung abgeben zu können.

Aus meiner Sicht gibt es daher zwei generelle Probleme: Erstens: Wie finde ich als Patient den geeigneten Arzt für eine Zweitmeinung. Zweitens: Eine Zweitmeinung kann das Wissensbedürfnis zur Entscheidung des Patienten nicht immer erfüllen, da die Zweitmeinung sich von der Erstmeinung unterscheiden kann. Was macht der Patient in solch einer Situation? Sucht er weitere Ärzte auf? Wenn ja, dann müsste er ein riesiges Glück haben, dass die folgende Meinung mit der ersten Diagnose übereinstimmt. In allen anderen Fällen führen weitere Meinungen nur zu einer erhöhten Unsicherheit beim Patienten und die Wahrscheinlichkeit sich aus emotionalen Gründen für die falsche Behandlung zu entscheiden steigt.

Ein Arzt sollte sich gerade als erstuntersuchender Arzt für die Formulierung einer Erstdiagnose viel Zeit für den Patienten nehmen. Heutzutage ist es aufgrund der fortgeschrittenen Technik viel leichter zu einer Diagnose zu kommen als noch vor einigen Jahren. Dies ist gut so. Meine Erfahrungen sind recht positiv und bestätigen die gute Qualität von Erstdiagnosen. Die meisten Ärzte nehmen sich bei einer Erstdiagnose sehr viel Zeit für ihre Patienten, um mit gutem Gewissen eine Therapie zu empfehlen.

Prof. Dr. Harms zeigt eine Stenose (eine Verengung des Spinalkanals bei der Lähmungserscheinungen zur Symptomatik gehören) bei einem Patienten am Computerbildschirm. Dies war am Tag des Interviews der letzte Patient, der sich in der Sprechstunde im Ethianum bei Prof. Dr. Harms vorgestellt hatte.

Im hier dargestellten Fall hat der Patient sich ohne Zweitmeinung für eine Operation, bei der eine Bandscheibenprothese eingesetzt wurde, entschieden.

Acht Stunden nach der ersten Operation musste der Patient erneut operiert werden, da die Lähmung stärker ausgeprägt war als zuvor. Dies hätte vielleicht vermieden werden können, wenn bei der Erstuntersuchung auch alternative Techniken ausführlicher erörtert worden wären. Die Einbindung einer Zweitmeinung wäre gerade in diesem Fall sinnvoll gewesen.

Nur mit einer optimalen Aufklärung kann der Patient die richtige Entscheidung treffen. In allen anderen Fällen trifft er emotional geleitete Entscheidungen, die durch Unwissenheit oder Ängste entstehen. Dabei hilft bereits eine Empfehlung für eine Zusatzuntersuchung.

Im Rahmen der Zweitmeinung stellt sich jedoch auch die Frage nach den Kosten, die mit einer Zweitmeinung verbunden sind. Um diese zu reduzieren, sollte aus meiner Sicht bereits die Erstuntersuchung so genau wie möglich durchgeführt werden, sodass, je nach Krankheitsbild, möglicherweise eine Zweituntersuchung gar nicht mehr notwendig ist. Falls dennoch eine Zweitmeinung sinnvoll wäre, bleibt immer noch die Frage nach dem geeigneten Arzt offen. Dieser Arzt sollte fachlich hoch qualifiziert und unabhängig von Krankenkassen sein, um eine neutrale Zweitmeinung geben zu können.

Was würden Sie sagen, veranlasst Patienten zu einer zusätzlichen Zweitmeinung durch einen anderen Arzt?
Der Grund ist die Unsicherheit und die Angst des Patienten. Wenn man eine schwerwiegende Operation oder Therapie vor sich hat, wie beispielsweise eine Chemotherapie, die viele Nebenwirkungen mit sich bringt, dann braucht der Patient eine Entscheidungshilfe. Dem Patienten fällt es schwer sich eigenverantwortlich für eine Operation zu entscheiden.

Herr Prof. Dr. Harms beschreibt das Beispiel eines Tumors am Kreuzbein (Beginn eines Durchbruchs zum Spinalkanal): In diesem Fall waren Ärzte nach einer Biopsie der Meinung, dass es sich um einen gutartigen Tumor handelt. Die Diagnose lautet ein Blutschwamm im Wirbelkörper, welcher Auswirkungen auf den restlichen Körper hat. Der betroffene Patient ist nach dieser Diagnose zu einer süddeutschen Universitätsklinik gegangen. Dort sagten ihm die Ärzte, dass dies eine zu große Operation sei und er dies nicht überlebe. Sie spritzten ihm Knochenzement in den Tumor. Meiner Meinung nach war dies ein fataler Fehler, da der Tumor nach einiger Zeit wiederkehrt. Es war zwar ein sehr seltener Ort für einen Tumor, der operativ auch Schwierigkeiten beinhaltet, jedoch wäre eine Operation machbar gewesen. Nach dieser – mittelfristig gesehen – nicht erfolgreichen Therapie, stellte sich der Patient dann bei mir vor, um eine weitere Entscheidungshilfe einzufordern. Ich habe dem Patienten zu einer Operation geraten, da eine Operation nicht zu riskant wäre, falls der operierende Arzt über ausreichende Kompetenzen und Erfahrungen verfügt.

Als erstbehandelnder Arzt muss man sich bewusst sein, dass man eine große Verantwortung trägt und den Patienten ausreichend informieren sollte, um ihm die Folgen seiner Entscheidung bewusst zu machen. Auch als Mediziner kann man sich nicht immer 100-prozentig sicher mit einer Diagnose sein, da man vielleicht einen angrenzenden Fachbereich nicht gut beherrscht. In diesem Fall muss man als kompetenter Arzt eine Empfehlung für eine Zweitmeinung aussprechen. Aus meiner Erfahrung weiß ich, dass jedoch viele Ärzte ihre Patienten nicht zu anderen Kollegen schicken, da sie davon überzeugt sind, über genügend umfangreiches Wissen zu verfügen. Sichere Entscheidungen zu therapeutischen Maßnahmen können nur dann getroffen werden, wenn eine entsprechend hohe Kompetenz bei dem Erstuntersucher vorliegt; insbesondere bei Erkrankungen, die nicht zu dem alltäglichen Bild des entsprechenden Fachbereichs gehören. Krankenkassen können hierauf Einfluss nehmen, tun dies aber nicht. So sollten Krankenkassen beispielsweise bei Wirbelsäulenbehandlungen eine besondere Qualifikation für Wirbelsäulen von Ärzten fordern. Viele Kliniken eröffnen derzeit eine „Sektion Wirbelsäulenchirurgie" ohne über die entsprechende Erfahrung zu verfügen. Dies könnten z. B. die einschlägige Gremien und Vereinigungen verhindern. Problematisch dabei ist, dass viele Krankenhäuser operieren, weil es einen finanziellen Nutzen bringt, obwohl das Fachwissen nicht in der gewünschten Form vorliegt.

Dabei finde ich es sehr sinnvoll, wenn sich Ärzte untereinander Rat einholen. Viele Ärzte fühlen sich dabei aber auf den „Schlips getreten" und befürchten, dass sie dadurch bei Kollegen und Patienten inkompetent wirken könnten. Viele Ärzte, die früher bei mir assistiert haben, rufen mich heute noch an und fragen mich nach meiner Meinung. Ich denke, so sollte der kollegiale Austausch in der Medizin immer aussehen, da man sich dadurch gegenseitig bereichern kann. Zum Beispiel habe ich bis heute über 400 transorale Operationen in Zusammenarbeit mit anderen hoch qualifizierten Kollegen durchgeführt. Da ich kein Spezialist in allen medizinischen Fachbereichen bin, wäre das für mich alleine nicht möglich gewesen. Ich benötige z. B. einen Kieferchirurgen. Wäre ich hierbei nicht zur Kooperation bereit gewesen, hätte ich mich nicht weiterentwickelt. Mit der Wirbelsäule selbst beschäftigt sich ja z. B. die Orthopädie, Chirurgie und Neurochirurgie. An dieser Stelle muss man als Arzt über sein eigenes Ego hinwegsehen.

Jetzt stellt sich wieder die Frage, welcher Arzt geeignet ist, um die Zweitmeinung zu formulieren. Dieser Arzt sollte in dem entsprechenden Fachbereich der Erkrankung hoch qualifiziert und kompetent sein sowie entsprechende Fallzahlen aufweisen, da die Medizin eine Erfahrungswissenschaft ist. Ein guter Arzt muss langjährige praktische Kenntnisse und Erfahrungen aufgebaut haben, anstatt nur theoretisches Wissen aufzuweisen.

Können Sie beziffern, wie erfolgreich Ihre Operationen bisher verlaufen sind?
Das ist schwer zu sagen, wie erfolgreich meine Operationen waren, da der langfristige Effekt statistisch nur schwer erfassbar ist. Ich kann mit Sicherheit sagen, dass bei keiner meiner transoralen Operationen jemand gestorben ist; 2 % der behandelten Patienten sind dagegen postoperativ nach 6 Monaten und mehr verstorben. Die Operationen verliefen immer ohne große Komplikationen und wenn es zu Komplikationen kam, waren diese stets beherrschbar. Ich habe einen Patienten vor vielen Jahren transoral operiert. Damals war er 21 Jahre alt. 18 Jahre sind seitdem vergangen und er hat immer noch ein gutes Leben. Man muss sich ehrlich zugestehen, dass die Operation von Tumoren und Entzündungen meist problematisch sind. Relevant für eine erfolgreiche Operation ist die richtige Infrastruktur, die eine angemessene prä- und postoperative Behandlung ermöglicht. Und dann natürlich die schon erwähnte Zusammenarbeit mit Spezialisten. Grundsätzlich ist es sehr schwierig den Erfolg von Wirbelsäulenoperationen zu messen, da nicht klar ist, in welchem Zeitraum noch Nachuntersuchungen durchgeführt werden. Dies ist besonders problematisch bei älteren Patienten, da im Laufe der Zeit noch weitere Erkrankungen hinzukommen und daher die Operation nicht isoliert betrachtet werden kann. Hierzu wäre eine Langzeitstudie zum Erfolg solcher Operationen notwendig. Diese gibt es bisher nicht.

Sie sprechen gerade den Kostenaspekt an. Glauben Sie, dass viele Operationen heute nur aus finanziellen Gründen durchgeführt werden?
Die Wirbelsäulenchirurgie ist im DRG-System *(Anm. d. Redaktion: Diagnosis Related Groups)* finanziell gut abgebildet und damit für Krankenhäuser interessant. Ich glaube, dass 20–30 % der Wirbelsäulenoperationen unnötig durchgeführt wurden; wobei dabei der Mangel an ärztlicher Kompetenz, aber auch der finanzielle Aspekt eine Rolle spielt.

Wann halten Sie eine ärztliche Zweitmeinung für sinnvoll? Können Sie das auf bestimmte Krankheitsbilder oder Arten der Behandlung spezifizieren?
Ob eine ärztliche Zweitmeinung eingeholt wird, hängt stark mit der Mentalität des Patienten zusammen. Das heißt, die Einstellung und die Unsicherheit des Patienten ist ausschlaggebend. Bei einer hohen Unsicherheit ist es sehr sinnvoll eine zweite Meinung einzuholen, um sich abzusichern und rationaler entscheiden zu können. Wenn ich mich auf bestimmte Arten von Operationen beziehen soll, dann halte ich eine Zweitmeinung bei standardisierten und routinierten Operationen, wie eine Gallenblasen-, Bandscheiben oder generellen Operationen, die die degenerativen Prozesse betreffen, oder das Einsetzen einer Hüftprothese, nicht für notwendig. Bei Operationen, die aus

dem Standard herausfallen, ist es durchaus sinnvoll sich eine Zweitmeinung von kompetenter Stelle einzuholen.

An der Stelle muss ich noch ein weiteres Problem ansprechen: Man sollte sich auf der Suche nach einer Zweitmeinung nicht auf Quellen im Internet verlassen. Hier muss man vorsichtig sein, um voreilige Schlüsse zu vermeiden. Grundsätzlich liefert das Internet gute Informationen, jedoch weckt es schnell Ängste und verunsichert den Patienten, wenn man sich mit der Materie nicht auskennt; da schlechte Informationen wie eine Art Mund-zu-Mund-Propaganda weitergetragen werden.

Viele meiner transoralen Operationen (60 %) waren bereits voroperiert, da zunächst auf eine Zweitmeinung verzichtet wurde. 40–50 % dieser Operationen, waren nach meiner Meinung nicht gut durchdacht. Bei so schweren und komplizierten Operationen, die aus dem Standard herausfallen, sollte man sich unbedingt eine Zweitmeinung einholen. Bedauerlicherweise gibt es bis heute keine Qualitätsmerkmale einer Wirbelsäulenoperation, im Gegensatz zu Hüft- und Knieoperationen. Bei einer Hüftprothesen-Operation sind Komplikationsraten von deutlich unter 5 % der Standard, wohingegen es in der Wirbelsäulenchirurgie Operateure gibt, die Komplikationsraten von über 20 % verzeichnen. Auf langfriste Sicht muss eine Qualitätssicherung stattfinden, welche meiner Meinung nach von den Krankenkassen oder den Berufsverbänden gewährleistet werden muss.

Wo sehen Sie denn die Risiken einer Zweitmeinung?
Ein Risiko sehe ich in der Wahl des falschen Arztes für die Zweitmeinung. Ein weiteres Risiko ist, die Abweichung der Zweitmeinung von der Erstmeinung. Der Patient ist in diesem Fall genauso verunsichert wie vorher. In diesem Fall sollte eine Drittmeinung eingeholt werden.

Kann es denn auch passieren, dass der Patient zu dem Arzt, der die Zweitmeinung äußert, abwandert? Wie gehen Sie damit um?
Selbstverständlich kann das passieren. Es passiert meistens, wenn die Zweitmeinung eine weniger belastende Therapie vorschlägt. Bei Skoliose *(Anm. d. Redaktion Verformung der Wirbelsäule)* bei Kindern kommt dies häufiger vor (ca. 20 % der Patienten wandern ab). Die Zweitmeinung rät häufiger von einer Operation ab, obwohl die langfristigen Auswirkungen bei Kindern dabei nicht berücksichtigt werden. Wenn ein Patient zu einem anderen Arzt abwandert, sehe ich das sportlich. Man kann nicht immer als Erster durchs Ziel. Obwohl viele meiner Patienten, die sich zunächst für eine andere Behandlungsmethode entschieden haben, nach einigen Jahren, wenn das Operationsergebnis nicht ihren Vorstellungen entspricht, zu mir zurückkommen. Das bestätigt mich dann natürlich in meiner Kompetenz.

Wie schätzen Sie die Unterstützung der Krankenkassen bei der ärztlichen Zweitmeinung ein?

Ich habe bisher mit Krankenkassen gute Erfahrungen gemacht, die in der Regel für die Erstellung einer Zweitmeinung offen sind und diese auch finanziell unterstützen.

Was glauben Sie, welchen Stellenwert die ärztliche Zweitmeinung in Zukunft haben wird?

Ich denke, dass es keine Diskussion mehr darum geben wird, da sich eine Zweitmeinung langfristig etablieren wird. Außerdem werden die Krankenkassen sich immer mehr damit befassen müssen.

Zweitmeinungsportale im Internet werden in den Vordergrund rücken. Wichtig dabei ist, dass sie unabhängig von Krankenhäusern und Krankenkassen bleiben. Diese sind nur für eine erste Orientierung hilfreich. Wie deren Unabhängigkeit gewährleistet werden kann, weiß ich nicht genau. Aber es sollte eine strikte Trennung geben. Ein wichtiger Punkt dabei ist die Regelung der Bezahlung des Arztes, welcher eine Zweitmeinung anbietet. Zudem sollte ein Nachweis seiner kontinuierlichen Fortbildung in seinem Fachbereich vorliegen. Neuerungen sollten bekannt sein und man sollte häufiger in kompetenten Kliniken hospitieren bevor man eine Zweitmeinung abgibt.

Wie ist der Umgang mit der ärztlichen Zweitmeinung in anderen Ländern im Moment?

In Europa gibt es nur sehr wenige Zweitmeinungsportale. In Spanien und Frankreich existieren sie gar nicht. Wie mit der ärztlichen Zweitmeinung in Europa, außerhalb Deutschlands, umgegangen wird, kann ich Ihnen leider nicht sagen. Anders ist es hingegen in den USA: Das Gesundheitswesen ist dort extrem geldorientiert. Krankenkassen werden sogar an der Börse gehandelt, was den kommerziellen Zusammenhang dokumentiert. Die Krankenkasse bestimmt, ob ein Patient eine Operation bekommt oder nicht. Die amerikanischen Krankenkassen stellen viele Ärzte ein, die eine Zweitmeinung abgeben. Das amerikanische Prinzip der Zweitmeinung ist nach meiner Meinung falsch, da Ärzte nicht unabhängig von den Krankenkassen entscheiden können. Amerikanische Zweitmeinungsportale sind mir nicht bekannt.

Autorenporträts

Dr. Mercedes Hausi studierte Volkswirtschaftslehre mit dem Schwerpunkt Betriebswirtschaftslehre an der Ruprecht-Karls-Universität in Heidelberg. Im Rahmen ihrer Diplomarbeit beschäftigte sie sich intensiv mit dem Thema Talentförderung in deutschen Unternehmen. Diese Arbeit bildete die Grundlage für ihre Promotion im Fachbereich Behavioral Economics (Alfred-Weber-Institut für Wirtschaftswissenschaften, Universität Heidelberg) zum Thema „Die Förderung von jungen und älteren Potenzialträgern vor dem Hintergrund des demographischen Wandels". Von 2012–2014 war Mercedes Hausi als Referentin in der Personal- und Organisationsentwicklung der Etex Holding GmbH in Heidelberg tätig. Seit 2015 arbeitet sie als Executive Assistant für die Geschäftsleitung der vitaliberty GmbH.

Prof. Dr. Volker Nürnberg absolvierte nach dem Abitur Zivildienst in der Pflege im Krankenhaus. Es folgte ein Studium (Stipendium der Begabtenförderung), Postgraduiertenstudium und Promotion. Seit 20 Jahren beschäftigt er sich mit allen Facetten des Gesundheitsmanagements. Zunächst setzte er Konzepte bei den gesetzlichen Krankenkassen (bis 2011 als Geschäftsführer bei der AOK und BKK) um. 2011 erhielt er einen Ruf als Professor an der BWL Fakultät der Hochschule für angewandtes Management in Erding und leitet seitdem den Studiengang Gesundheitsmanagement. Darüber hinaus ist er Lehrbeauftragter an der TU München und Gastprofessor an der Universität der Ägäis. Er berät als Leiter „Health Management" bei der internationalen Unternehmensberatung Mercer Deutschland GmbH insbesondere zu den Themen Arbeitgeberattraktivität, Personalmanagement, gesetzliche und private Krankenversicherung und weiteren Gesundheitsthemen. Volker Nürnberg ist Mitglied in verschiedenen Vereinigungen und Aufsichtsräten. Mit jährlich jeweils einer zweistelligen Anzahl an Vorträgen und Publikationen zählt er zu den gefragtesten Gesundheitsexperten Deutschlands.

Printed in the United States
By Bookmasters